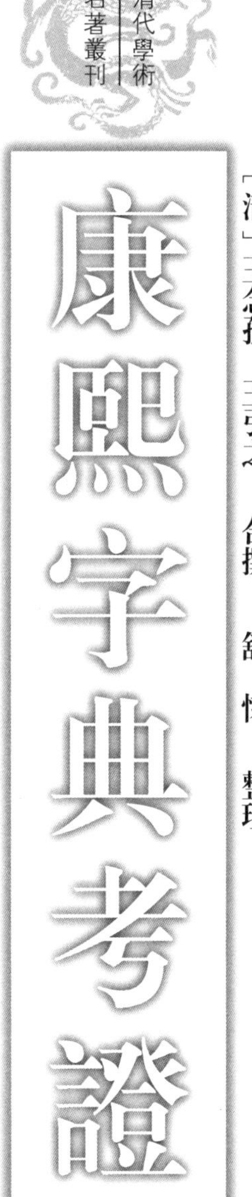

［清］王念孫　王引之　合撰
舒懷　整理

上海古籍出版社

圖書在版編目(CIP)數據

康熙字典考證 /（清）王念孫,（清）王引之合撰；舒懷整理;舒懷,虞萬里主編. —上海：上海古籍出版社，2023.5
（清代學術名著叢刊）
ISBN 978-7-5732-0713-5

Ⅰ.①康… Ⅱ.①王… ②王… ③舒… ④虞… Ⅲ.①《康熙字典》—研究 Ⅳ.①H163

中國國家版本館 CIP 數據核字(2023)第 075908 號

清代學術名著叢刊
康熙字典考證
〔清〕王念孫 王引之合撰 舒懷整理
上海古籍出版社出版發行
（上海市閔行區號景路 159 弄 1-5 號 A 座 5F 郵政編碼 201101）
(1) 網址：www.guji.com.cn
(2) E-mail：guji1@guji.com.cn
(3) 易文網網址：www.ewen.co
上海展强印刷有限公司印刷
開本 850×1168 1/32 印張 19.75 插頁 5 字數 351,000
2023 年 5 月第 1 版 2023 年 5 月第 1 次印刷
印數：1—1,100
ISBN 978-7-5732-0713-5
H·260 定價：98.00 元
如有質量問題，請與承印公司聯繫
電話：021-66366565

康熙字典考證目録

説明

王念孫、王引之合撰。先由王念孫確定體例，並考證一卷以示範。王引之完成考證工作之後，王念孫審閲定稿。

《康熙字典》是張玉書等奉敕在明代梅膺祚《字彙》和張自烈《正字通》的基礎上編成的一部大型字典，由於收字最多，資料豐富，體例嚴明，注釋允當，而成爲清代最有影響的重大文化工程之一：對於清代政權，它可以「昭同文之治」；對於承學稽古者，它可以揭示文字之源流；對於一般讀書人和官府吏民，它是讀書作文的必備工具（見《御製序》）；在我國字書辭書學史上，它起到了承先啟後的作用。但是，由於「卷帙浩繁，成書較速，纂輯諸臣，迫於期限，於引用書籍字句，間有未及詳校者」，故文字錯誤不少。王引之請旨，「細檢原書，凡字句訛誤之處，皆照原文逐一校訂。共更正二千五百八十八條。謹照原書十二集輯爲《考證》十二册，分條注明，各附按語」（見《重刊〈字典〉折》）。王氏父子更正之處，或是引用書名篇名淆亂，或是引文字句脱誤，或是删節、句讀失當。通過王氏父子之考證，紀八十年代，王力先生重加校勘，成《〈康熙字典〉音讀訂誤》，音釋方面的訛誤得到進一步更正。

《康熙字典》如錦上添花，學者稱便。但由於人力所限，書中錯誤並未全部改正。二十世

清代，《考證》有自刻本（《高郵王氏五種》）和道光十一年愛日堂刊本（今存北京大學圖書館、湖南省圖書館），分十二卷，四册；光緒二年湖北崇文書局重刊爲六册一函，十二集（今存湖北省圖書館），光緒六年崇文書局重刻（今存江西省圖書館）；光緒十四年同文書局石印本始爲十二集三十六卷（今存國家圖書館），此本又有光緒二十一年上海鴻文書局石印本（湖南省圖書館）、高郵王氏合刻本；到一九六二年，中華書局據晚清同文書局影印本影印《康熙字典》時才附在《字典》後廣爲流傳，讀者自此少了查檢之勞。

《販書偶記》載有道光七年刊巾箱本《字典校字録》（無卷數），殆爲《字典考證》原本。北京師範大學圖書館有不分卷底稿本。

又據湖北省圖書館爲《中華大典·語言文字典》編撰的目録，另有《校字録》十二卷、《補遺》一卷，清玉麟（一七六六——一八三三）等撰，殆爲《字典考證》别本。

此次整理，以一九六二年中華書局影印本《康熙字典》所附之《字典考證》爲底本，進行標點校注。

校注之内容，主要分成三類：

一是補充交代《字典考證》引用文獻的出處；

二是歸納説明《字典考證》考證文獻的專門用語和體例；

三是指訂正《字典考證》本身的疏失。

進呈重刊《字典》折[一]

臣奕繪、臣阿爾邦阿、臣那清安、臣王引之跪奏，爲重刊《字典》完竣，輯録《考證》，一併進呈，仰祈聖鑒事。道光七年十二月，經前任總理臣穆彰阿等面奉諭旨：「《康熙字典》著交提調處，先將原本校看，再行刊刻。欽此。」臣等謹將書内列聖廟諱、皇上御名，敬謹缺筆在案。嗣于七年八月，前任總裁臣玉麟等復面奉諭旨：「原刻《字典》内間有譌字，今重加刊刻，自應詳查，考據更正。欽此。」臣等當即督同提調及在館人員，敬謹辦理。今全部校刊完竣，謹分四十册，彙爲六函，恭呈御覽。其應帶往盛京恭貯本二部，照例辦理。至應否陳設及頒賞若干部之處，仍另開單。恭候欽定，遵奉施行。欽惟聖祖仁皇帝欽定是書，體例精密，考證賅洽，誠字學之淵藪，藝苑之津梁也。其引據諸書，蒐羅繁富，自經、史、諸子以及歷代詩人文士之所述，莫不旁搜博證，各有依據。幾閲五載，全書告成。惟是卷帙浩繁，成書較速，纂輯諸臣迫於期限，於引用書籍字句，間有未及詳校者。臣等欽遵諭旨，細檢原書，凡字句譌誤之處，皆照原文，逐一校訂，共更正二千五百八十八條。謹照原書十二集，輯爲考證十二册，分條註明，各附案語，總彙二函。恭繕進呈，伏候欽定。竊惟此次重刊《字典》，詳校原本，修改草樣，覆勘清樣，恭閱正本，逐條覈對，簽檔紛繁，辦理倍加慎重。謹查例載「常開各館有特交書籍纂辦者，書成時，如有格外出力之員，聽該館臣酌量保奏各等」語。此次書成，與他館移交刊刻者不同。今全書校刊已經四載，其間奔走承值，收發、校對、繕録各微員，應擇其勤奮者，量予甄敘。又道光八年七月，恭校《聖訓》陳設本一百一十卷完竣，彼時奏明將功課存記彙算，今擬併計考覈。除臣等總裁，并提調官詹事府左春坊左中允王炳瀛、翰林院侍讀學士祝慶蕃，及總纂、纂修、協修均不敢仰邀議敘外，所有校録、收掌、供事及監造董率匠役之筆帖式、柏唐阿，可否照歷届議敘之例，由臣等覈計功課，分別等第，移咨吏部、内務府，給予優敘，以示鼓勵之處，出自皇上逾格恩施。如蒙俞允，臣等詳覈功課，移咨辦理。是否有當，伏乞訓示施行。謹奏。

再查臣館供事，多係自備資斧當差。此次重刊《字典》，其在館鈔記、簽檔，承值奔走者，臣等未敢悉予保奏，惟擇其專司承發格外出力者，謹遵歷届議敘之例，酌量保奏。查得議敘間用之，先選用之。從九品席丙、周鵬展二員，前因校刊《聖訓》告成，奏准先選在案；今又承辦《字典》，始終奮勉，實係尤爲出力。該二員班次無可再加，合無仰懇天恩俯准，將該供事二員以應選之巡檢，遇有缺出，不論雙單月，即予選用，以示鼓勵出自皇上恩施。謹奏。

道光十一年三月二十九日具奏。本日奉上諭：「奕繪等奏重刊《字典》完竣，輯録《考證》，一併進呈一摺，所有校録、收掌、供事及監造，督率匠役之筆帖式、柏唐阿，著准其照歷届議敘之例，覈計功課，分别等第，給予優敘。至另片奏尤爲出力之供事候選從九品席丙、周鵬展二員，著以應選之巡檢，遇有缺出，不論雙單月即予選用，以示鼓勵。該部知道。欽此。」

【校注】

〔一〕二王遺文集乙編《進呈重刊〈字典〉折》未附《上諭》，且文字稍有出入，故重載於此。

子集

《〈字典·子集·上〉考證》目録

《字典·子集·上》考證

一部

二畫

丈

《左傳·昭二十三年》：「以令役於諸侯，屬役賦丈。」　謹照原文，「二十三年」改「三十二年」。

杜甫詩：「百丈牽來上瀨船。」〔一〕　謹照原文，「牽來」改「誰家」。註：「百丈，牽船筏也。」　謹照原註，「筏」改「篾」。

上

《楚辭·九懷》：「臨淵兮汪洋，顧林兮忽荒；修予兮袿衣，騎電兮忽上。」〔二〕　謹照原文，「騎電」改「騎霓」，「忽上」改「南上」。

下

《爾雅·釋訓》：「下，落也。」謹照原書，「《釋訓》」改「《釋詁》」。

三畫

不

《禮·曾子問》：「葬引至于堩，日日有食之。」謹照原文，〔三〕省下「日」字。

《荀子·賦論篇》謹照原書，省「論」字。

註：「謂小人所鄙也。」謹按：原文無此註。〔四〕改爲「所不，謂小人所鄙也。」

五畫

丞

《禮·文王世子》：「虞夏商周有師傅，有疑丞。」謹照原文，「師傅」改「師保」。

丨部

二畫

个

《儀禮·大射儀》：「司射入於次，搢三个挾一个。」謹照原文，「搢三」下省「个」字。

三畫

中

班固《東都賦》：「宅中圖大。」　謹照原書，改「張衡《東京賦》」。《周禮・春官・司刺》：「以刺宥三法，求民情，斷民中。」　謹照原文，「春官」改「秋官」；「以刺宥三法求民情」，改「以此三法者，求民情」。

《易・坤卦》：「黄裳元吉，美在中也。」　謹照原文，「美在中也」改「文在中也」。

《左傳・定元年》：「季孫曰：『子家亟言於我，未嘗不中吾志也。』」　謹照原文，「子家」下〔五〕增「子」字。

《周禮・天官》：「凡官府鄉州及都鄙之治中，受而藏之。」　謹照原書，「天官」改「春官」。

四畫

丱

《詩・齊風》：「總角丱兮。」鄭傳：「總角，聚兩髦也。」　謹照原書，「鄭傳」改「毛傳」。

丶部

四畫

主

《左傳·昭二十八年》：「成鮒對魏舒曰：『主之舉也，近文德矣。』」　謹照原文，「成鮒」改「成鱄」。

丿部

三畫

之

《禮·文王世子》：「冬亦如之。」　謹照原文，改「秋冬亦如之」。

乙部

十二畫

亂

《周禮·秋官》：「司虣掌憲布之禁令。」謹照原書，「秋官」改「地官」，「憲布」改「憲市」。

亅部

七畫

事

《書·大禹謨》：「三事正德，利用，後生。」謹按：「後」字誤刊〔六〕，「三事」與下文六字亦不連。謹照原文，改爲「六府三事允治」。

二部

二

《左傳・定四年》：「衛侯將會，使祝佗從。佗曰：『若又供二，招大罪也。』」　謹照原文，「供」改「共」，「招」改「徼」。

一畫

于

《禮・聘禮》：「賄，在聘于賄。」　謹按本書之例，《禮記》謂之《禮》，此出《儀禮》，不當稱《禮》，謹省上「禮」字。

《周禮・冬官・考工記》：「鳧氏爲鐘，兩欒謂之銑，兩銑謂之于。」　謹照原文，「兩銑」改「銑閒」。

《爾雅・釋木》：「棧木，于木。」註：「僵木也，江東呼木船。」　謹照原註，「木船」改「木觡」。

《文王世子》：「周公抗世子法于伯禽，所以善成王也。仲尼聞之曰：『爲人臣者，殺其身有益于君，則爲之，况于其身以善其君乎？』」俱與「迂」通。　謹按：「周公」至「其君乎」，皆仲尼之言，此誤於「聞之」上增〔七〕「仲尼」二字。　謹照原文，「周公」上增「仲尼曰」三字，「聞之」上省「仲尼」二字，「法于」「益于」兩「于」字，照原文改「於」字。

二畫

云

《史記・封禪書》：「秦文公獲若云云於陳倉北坂。」　謹照原文，「獲若云云」改爲「獲若石云」。又按：「云」是語助，謹將此十七字，移〔八〕於「伊誰云憎」之下。

《汲黯傳》：「武帝曰：『吾欲云云。』」註：「猶言如此如此也。」　謹照原書，改《前漢・汲黯傳》「上曰『吾俗云云』」。

六畫

亞

《爾雅・釋詁》：「亞，次也。」　謹照原書，「釋詁」改「釋言」。

《蜀志》：「諸葛亮，管、簫之亞。」　謹照原文，「管、簫」改「管、蕭」。

亠部

四畫

交　揚子《方言》：「衿之謂交。」　謹照原文，改「衿謂之交」。

五畫

亨　《周禮·秋官·小司寇》：「凡禋祀五帝，實鑊水，納亨。」　謹照原文，「納亨」下增「亦如之」三字，以足文義。

按：古惟「亨」字兼三義，後加一畫作「享獻」之「享」。　謹按文義，「享獻」之「亨」謹改爲「享獻」之「享」。

六畫

京　揚子《方言》：「燕之北，齊、楚之交，凡人之大謂之京。」　謹照原文，改「燕之北鄙，齊、楚之郊，凡人大謂之京。」

《〈字典·子集·中〉考證》目録

《字典·子集·中》考證

人部

二畫

介

《左傳·昭二年》：「晏子曰：『偪介之關，暴征其私。』」　謹照原文，「二年」改「二十年」。

《左傳·襄二十六年》：「王子圍，寡君之貴介弟也。」　謹照原文，「王子圍」改「王子圍」。

《左傳·襄八年》：「亦不使一介行李辱在寡君。」　謹照原文，「辱在寡君」改「告于寡君」。

《前漢·五行志》：「木冰爲木介。」又《天文志》：「木少陽，人將有害，陰氣脅木先寒，得雨而冰，曰樹介。」　謹按《天文志》無「樹介」之文，今照《五行志》原文，改爲《前漢・五行志》：「《春秋・成公十六年》：『雨，木冰。』或曰：『今之長老名木冰爲木介，介者，甲〔也〕，兵象也。』」

《左傳・僖二十九年》：「介葛盧來朝。」註：「介，東夷國。葛盧，名。」　謹按原文，註在經下，不當引《傳》，《左傳》二字，謹改作《春秋》。

仍

《周禮・春官・司几筵》註：「變几，變更其質，謂之飾也。仍，因也。因其質，謂無飾也。」　謹照原文，「之飾」改「有飾」。

三畫

付

《周禮・春官・大祝》：「言甸人讀禱，付、練、詳，掌國事。」　謹照原文，「詳」改「祥」。

令

又縣令。　漢法，縣萬户以上爲令，以二爲長。　謹照《漢書》，「以二」改「以下」。

以

《詩・衛風》：「何其久也，必有以也。」　謹照原書，「衛風」改「邶風」。

四畫

任 王粲《登樓賦》：「情眷眷而懷歸兮，孰憂思而可任？」　謹照原文，「而」字改「之」字。

企 揚子《方言》：「踞跧、隑企，立也。東齊海岱北燕之郊，跪謂踞跧，委痿謂之隑企。」　謹照原文，「跪謂」下增「之」字。

伊 《詩・邶風》：「伊余來暨。」　謹照原文，「來暨」改「來塈」。

伍 《禮・祭義》註：「五人爲伍。」　謹按：「五人爲伍」，不始於陳澔《祭義》註，謹將「《禮・祭義》註」，改爲「《周禮・小司徒》」。《周禮・天官》：「設其參而傅其伍。」　謹照原文，省去「而」字。《齊語》：「五家爲軌，故五人有伍，軌長帥之。」　謹照原文，「有伍」改「爲伍」。

伏 《左傳・隱十一年》：「既伏其罪矣。」　謹照原文，「既」字上增「許」字。

伐

《周禮・冬官・考工記》：「一耦之伐。」疏：「畎上高土謂之伐。」 謹照原文，「畎上」改「甽上」。

休

《書・説命》：「實萬世無疆之休。」 謹照原書，「《説命》」改「《太甲》」。按：今《爾雅・釋木》本作「庥、庥，蔭也。」 謹照原書，「《釋木》」改「《釋言》」。

五畫

伯

《周禮・春官・大宗伯之職》：「九命作伯。」疏：「《公羊傳》：『自陝以東，周公主之；陝以西，召伯主之。』是東西二伯也。言九伯，九州有十八伯，各得九伯，故云九伯也。」 謹照原文，「召伯」之「伯」改「公」。「言九伯」下，增「者」字。

伸

《禮・曲禮》：「凡侍坐於君子，欠伸，撰杖屨，視日蚤暮，侍坐者請出矣。」註：「志倦則欠，體倦則伸也。」 謹照原文，省「凡」字，「於君子」下增「君子」二字，「杖屨」改「杖屨」，「註」改「疏」，兩「倦」字俱改「疲」。

伿 《説文》：「隋也」。 謹照原文，「隋也」改「惰也」。

佃 《周禮・地官・甸師》註：「郊作曰甸。」 謹照原書，「《地官》」改「《天官》」，「郊作」改「郊外」。

《左傳・哀十七年》註：「衷甸一轅卿車。」「甸一作（甸）〔佃〕。」徐曰：「佃訓中也。古載物，大車雙轅，乘車一轅，當中也。」 謹按：作「佃」者，《説文》，非《左傳》註也。謹照《説文繫傳》改爲「《説文》作佃，云中也。徐鍇曰：『古載物，大車雙轅，乘車一轅，當中也。』」

佅 《廣韻》「莫話切」，《集韻》「莫敗切」，㚘音賣。藥名。 謹照《東都賦》註，「藥名」改「樂名」。

但 又音燕，古不知吹人。《淮南子・説林訓》：「使但吹竽，使氏厭竅，雖中節而不可聽。」註：「但音燕。」 謹按《淮南子》註：「但，讀燕言鉏同也。」謂讀如燕人之言「鉏」，非讀爲「燕」也。上「音燕」之「燕」，改「鉏」；下「音燕」，改「讀鉏」。

位

《禮・曲禮》：「揖人必違其位。」註：「出位面揖。」謹照原文，「〔面〕揖」改「而揖」。

《易・艮卦》：「君子思不出其位。」註：「范氏曰：『物各得其所，而天下之理得矣。』」謹按：此《論語》經及朱註，非《易》註也。「《易・艮卦》」三字，改爲「《論語》」二字，「註」上增「朱」字。

佐

《周禮・天官》：「以佐王邦國。」謹照原文，「邦」字上增「均」字。

佔

《禮・樂記》：「今之教者，呻其佔畢。」謹照原書，「《樂記》」改「《學記》」。

佖

揚雄《校獵賦》：「駢衍佖路。」謹照原文，「《校獵賦》」改「《羽獵賦》」。

余

《集韻》：「羊茹切。」《韻會》：「羊諸切。」謹按：《集韻》「余」字音「羊諸切」，不音「羊茹切」。「羊茹切」三字謹省。

作《易·乾卦》：「聖人作而萬物睹。」謹照原文，「睹」改「覩」。

《詩·邶風·定之方中》：「作于楚宮。」謹照原文，「《邶風》」改「《鄘風》」。

六畫

佩《釋名》：「佩，倍也。言非一物者，有陪貳也。」謹照原文，「言非一物者」，改「言其非一物」。

佪張衡《思玄賦》：「怨高陽之相寓兮，佪顓頊而宅幽。」註：「相，視也。寓，居也。」謹照原文，兩「寓」字俱改爲「寓」。

佻《爾雅·釋詁》：「佻，偷也。」謹照原書，「《釋詁》」改「《釋言》」。

佾《左傳·隱四年》：「於是初獻六羽，始用六佾。」謹照原文，「四年」改「五年」。

使

《易·兑卦》：「悦以使民。」 謹按：《易·兑卦·象傳》：「是悦以先民。」與「使」字無涉，惟查《毛詩·豳風·東山序》有此四字，謹將「《易·兑卦》」三字改爲「《豳風·序》」，「悦」改「説」。

來

《荀子·賦論篇》：「一往一來，結尾以爲事。」 謹照原書，省「論」字。

侈

《周禮·冬官·考工記·鳧氏》：「侈弇之所由興。」註：「由鐘口侈弇所興之聲。」謹照原文，「註」改「疏」。

侍

《史記·魏世家》：「公仲連進牛畜、荀欣、徐越。畜侍以仁義，欣侍以舉賢使能，越侍以節財儉用。」 謹照原書，「《魏世家》」改「《趙世家》」。

侑

《周禮·春官·膳夫》：「以樂侑食。」 謹照原文，「《春官》」改「《天官》」。

《爾雅·釋訓》：「醻、酢、侑，報也。」 謹照原書，「《釋訓》」改「《釋詁》」。

供　《左傳·僖元年》："敢不供給？"　謹照原文，"元年"改"四年"。

依　《儀禮·士喪禮》："設依撻焉。"疏："依，以韋依纏其弦，如今時弓彄是也。"　謹照原書，"《士喪禮》"改〔九〕"《既夕禮》"，"如今時"改"即今時"。

七畫

侯　《儀禮·鄉飲酒禮》："天子熊侯，白質。"　謹照原書，"《鄉飲酒禮》"改"《鄉射禮記》"。《周禮·春官·肆師》"侯禳"註："侯者，侯迎祥善。禳者，禳去妖祲。"　謹照原文，"註"改"疏"，"祥善"改"善祥"，"妖祲"改"殃氣"。

俉　《史記·天官書》："鬼若哭。"　謹照原文，省"若"字。

俎　《禮·明堂位》："周以房俎，有虞氏以捖俎，夏后氏以蕨俎。"　謹照原文，"捖"改"梡"，"蕨"改"嶡"。

《左傳・宣十七年》：「晉侯使士會平王室。」 謹照原文，「十七年」改「十六年」。

揚子《方言》：「俎，几也。西南蜀漢之郊曰扯，扯音賜。」 謹照原文，兩「扯」字竝改「杫」。

俗

相如《上林賦》：「徼御受屈。」 謹照原文，「《上林賦》」改「《子虛賦》」。

保

《周禮・天官》：「八統詔王馭萬民，五曰庸保。」註：「庸保安有功者。」 謹照原文，「八統」上增「以」字，兩「庸保」竝改「保庸」。

《前漢・宣帝紀》：「阿保之功。」 謹照原文，「阿保」上增「嘗有」二字。

賈誼《治安策》：「保者，保其身體。」 謹照原書，改《賈誼傳》。

八畫

修

《周禮・冬官・考工記》：「旊人爲瓦簋，廟用修。」註：「修讀爲卣。卣，中尊也。」

謹按：《冬官》無「廟用修」之文。謹照《周禮》，改《春官・鬯人》：「廟用修。」鄭註：「修讀爲卣。卣，中尊也。謂獻象之屬。」

俯　《荀子・非相篇》：「府然若渠堰檃括之己也。」　謹照原文，「己」上增「於」字。

俶　《公羊傳・隱九年》：「三月庚辰，大雨。何以書？記異也。」　謹照原文，「雨」下增「雪」字。

俾　《詩・大雅》：「有俶其成。」〔一〇〕　謹照原文，「成」改「城」。

併　《詩・魯頌》：「俾爾昌爾熾。」〔一一〕　謹照原文，「昌爾」改「昌而」。

倅　賈誼《治安策》：「高皇帝與諸公併起。」　謹照原書，改「《前漢・賈誼傳》」。

《周禮・夏官・戎僕》：「掌王倅車之政。」又，《諸子》「國子存遊倅，使之修德樂道。」註：「遊倅，子之仕者。」　謹照原文，「國子」上增「諸子」二字，「樂道」改「學道」，「子之仕者」改「倅未仕者」。

倛

韓愈曰：「四目方相，兩目爲倛。」〔一二〕　謹照原文，「方」字上增「爲」字。

借

《釋名》：「艸履曰不借。」註：「言賤易有，各自置，不假借也。」　謹照原文，改爲：「艸履曰不借。《釋名》：『言賤易有，各自蓄之，不假借人也。』」

倡

《史記·樂書》：「翼星爲樂庫，爲天倡，主俳倡。」別作娼。　謹按：《史記·樂書》無此語，惟《太平御覽》引《春秋元命包》有之。　謹將「《史記·樂書》」改爲「《春秋元命包》」。

倨

又，倨牙，獸名。《爾雅·釋畜》：「駮如馬，倨牙。」註：「倨牙，音如鼓，食虎豹。」　謹按：《爾雅》「倨牙」乃駮馬之形狀，非獸名也。　謹改爲「倨牙，獸牙。倨，曲也。《爾雅·釋畜》：『駮如馬，倨牙。』疏：『其牙倨曲。』」

倬

《小雅》：「有倬其道。」〔一三〕　謹照原書，「《小雅》」改「《大雅》」。

傳

《廣韻》《集韻》丛側吏切，同剚。李奇曰：「東方人以物插地皆爲傳。」謹照原文，「地」皆改「地中」。

九畫

偁

《爾雅·釋詁》：「舉也。」謹照原書，「《釋詁》」改「《釋言》」。

偃

《周禮·天官·獻人》註：「梁，水偃也。偃水爲闊空也。」謹照原文，「闊空」改「關空」。

偈

揚子〔一四〕《太玄經》：「輔其折，虘其闕，其人暉且揭。」謹照原文，「揭」改「偈」。

偏

《周禮·地官》：「五十人爲偏。」謹按：此《夏官·敘官》疏文，非《地官》經文也。「《地官》」謹改爲「《夏官》疏」。

《荀子·非相篇》：「禹跳湯偏。」鄭註：「湯半骪枯。」謹照原書，「半骪」改「半體」。

偟　《爾雅·釋詁》：「偟，暇也。」　謹照原書，「《釋詁》」改「《釋言》」。

偪　又借爲「偪屨」之「偪」。《禮·内則》：「偪屨著綦。」　謹按：《内則》「偪屨著綦」，「偪」字自爲一句，不與「屨」字連讀，謹改「偪屨之偪」爲「行縢之名」。《釋名》：「偪，所以自逼。」　謹照原文，「逼」下增「束」字。

側　《禮·聘禮》：「公側授宰玉，又側授宰幣。」　謹照本書之例，上「禮」字改「又」字。

偷　《爾雅·釋詁》：「佻也。」　謹照原書，「《釋詁》」改「《釋言》」。

十畫

傀　《廣韻》：「天貌。」　謹照原文，「天貌」改「大貌」。

備　《周禮·春官·大司樂》：「凡樂則告備。」　謹照原書，「《大司樂》」改「《樂師》」。「凡樂」下增「成」字。

《禮・月令》：「季秋之月，命冢宰，農事備收。」　謹照原文，「命」字上增「乃」字。

傚　《詩・小雅》：「君子是則是傚。」〔一五〕叶上「昭」下「教」。　謹照原文，「教」改「敎」。

傜　揚子《方言》：「傜，衺也。自山而西，凡物不能純者謂傜。」　謹照原文，改爲「凡物細大不純者謂之傜。」

十一畫

傭　《爾雅・釋詁》：「均也。」　謹照原書，「《釋詁》」改「《釋言》」。

《正名篇》：「色不及傭而可以養羽。」〔一六〕　謹照原文，「養羽」改「養目」。

傳　《左傳・莊九年》：「傳乘而歸。」註：「傳乘，乘他小車。」　謹照原文省「小」字。

註：「傳，直專反。」　謹照原書，「註」改「釋文」。

《禮・內則》：「父母舅姑之衣衾簟度枕几不傳。」　謹照原文，「簟度」改「簟席」。

《周禮·地官·司關》：「几所達貨賄，則以節傳出之。」註：「張晏曰：『信也。』」　謹按：「張晏曰」云云，乃《漢書》註，非《周禮》註，「註」字上增「《前漢·文帝紀》」五字。

傷

《爾雅·釋訓》：「憂，思也。」　謹照原文，「《釋訓》」改「《釋詁》」，「憂，思也」改「傷，思也」。

《書·説命》：「若跣勿視地。」　謹照原文，「勿視」改「弗視」。

僥

《荀子·仲尼篇》：「可吹而僥也。」註：「言其人可以氣吹之使仆，喻不足恃也。」　謹照原文，於「註」下改「僥當爲僵，言可以氣吹之而僵仆也。」

傺

《楚辭·九辯》：「坎傺而沈藏。」　謹照原文，「坎」上增「然」字。

僁

《爾雅·釋詁》：「聲也。」　謹照原書，「《釋詁》」改「《釋言》」。

僄

《荀子·修身篇》：「怠慢僄棄，則招之以禍災。」　謹照原文，「招之」改「炤之」。

十二畫

傳　《周禮・天官・朝士》「族談者」註：「噂，語也。」　謹照原書，「《天官》」改「《秋官》」。

僞　《周禮・夏官・馮相氏》註：「中夏，辨秩南僞。」　謹照原書，「《夏官》」改「《春官》」。

僤　《詩・大雅》：「我生不辰，逢天僤怒。」〔一七〕毛氏曰：「厚也。」　謹照本書之例，「毛氏曰」改「毛傳」。

僨　《周禮・冬官・考工記》：「兵欲無僤。」　謹照原文，「兵」字上增「句」字。

僪　《爾雅・釋詁》：「僵也。」　謹照原書，「《釋詁》」改「《釋言》」。

僑　《玉篇》引《甘泉宮賦》：「捎夔魖而扶僑狂。」　謹照原文，「扶」改「抶」。

僭　《書・大誥》：「天命弗僭。」　謹照原書，「《大誥》」改「《湯誥》」。

僰

《禮·王制》：「屏之遠方，西曰僰。」　謹照原文，「西」字下增「方」字。

《說文》作「僰，从人在棘中。」　謹照原文，「在棘中」改爲「棘聲」。

十三畫

僸

《周禮·地官》：「北方曰禁。」　謹按：《地官》無此語，「《地官》」改「《鞮鞻氏》註」。

僾

《禮·祭義》：「祭之日，入室，僾然必有見乎其位。」疏：「陸氏曰：『微見也。』」　謹按：此釋文，非《疏》也，謹將「疏陸氏曰」改爲「釋文音愛」。「微見也」，照原文改「微見貌」。

儀

又《由儀》，《笙詩》疏：「由儀，萬物之生，各得其宜也。」〔一八〕　謹按：此《詩序》也，「疏」改「序」。

《周語》：「丹朱坋身以儀之。」　謹照原文，「坋身」改「馮身」。

億

《左傳・襄二十五年》：「不可以億逞。」 謹照原文省「以」字。

《左傳・隱十一年》：「寡君惟是一二父兄不能供億。」 謹照原文，「寡君」改「寡人」。

十四畫

儐

《禮・聘義》：「主人三儐，賓三介，因賓而作，故从賓。接賓以禮曰儐，接鬼神亦然。」

謹按：《聘義》無此文，其見於註中者，曰：「賓見主人陳擯。」釋文：「擯，本又作儐。下文及註皆同。」所謂「下文」者，謂「卿爲上擯」三句也。是經文「擯」又作「儐」矣。今據此，謹以「主人三儐」十四字改作「卿爲上儐，大夫爲承儐，士爲紹儐。」其下文「接賓以禮曰儐，接鬼神亦然」別是一義，謹增「又」字以別之。

儓

《韻會》《正韻》：「堂來切，炲音臺。倍儓，臣也。」 謹照原文，「倍儓」改「陪儓」。

揚子《方言》：「儓，西服，農夫之醜稱也。」 謹按：「西服」乃「𦋺」字之譌，謹改爲「𦋺」。

十五畫

儥

《周禮・地官・司市》疏：「量以定穀粱之等，度以度布緡之等。」　謹照原文，「以定」改「以量」，「布緡」改「布絹」。

十七畫

儳

《左傳・僖二十二年》：「司馬子魚曰：『聲盛致氣，鼓儳可也。』」　謹照原文，「致氣」改「致志」。

十九畫

儷

《左傳・成十一年》：「不能庇其伉儷而亡之。」　謹照原文，「不能」上增「已」字。

二十一畫

儽

《荀子・賦論篇》：「有物于此，儽儽兮。」　謹照原書，省「論」字。註「作倮」。　謹照《荀子》註，原文「作倮」，改「讀如倮」。

《〈字典·子集·下〉考證》目錄

《字典·子集·下》考證

儿部

二畫

元

《書·堯典》：「月正元日。」謹照原書，「《堯典》」改「《舜典》」。

五畫

兑

《史記·天官書》：「隨北端兑。」謹照《史記》原文，「隨北」上增「三星」二字。註：「《索隱》曰：『兑作鋭。』」謹按：「作鋭」者，《漢書·天文志》，非《索隱》也，謹將「註索隱曰」改爲「《漢書》」二字。

六畫

兒

《説文》：「孩子也。象形，小兒頭囟未合。」　謹照原文，「孩子」改「孺子」，「頭囟」改「頭囟」。

《孟子》：「反其耄倪。」〔一九〕　謹照原文，「耄倪」改「旄倪」。

兕

《周禮・冬官・考工記》：「兕甲六屬。」註：「兕甲，壽二百年。」　謹按：下句亦《考工記》正文，非《註》也，「註」字謹改爲「又」字。

入部

入

《檀弓》：「孟子禫，比御而不入。」　謹照原書，「孟子」改爲「孟獻子」。

二畫

内 《周禮·夏官·職方氏》：「河内曰冀北。」 謹照原文，「冀北」改「冀州」。

八部

八 張衡《西京賦》：「叉蔟之所攙捔，徒博之所撞挩。」 謹照原文，「徒博」改「徒搏」。

四畫

共 《禮·王制》：「爵人于朝，與衆共之。」 謹照原文，「衆」改「士」。

六畫

具 又姓，《左傳》有丙具。 謹按：「其右具丙」，見《襄公十八年左傳》，謹將「丙具」改爲「具丙」。

冃部

（七）〔五〕畫

冒

《説文》：「蒙而前。从冃目，以物自蔽而前也。」　謹照原文，「蒙而前」，改爲「冡而前也」，「自蔽」改爲「自蒙」。

冖部

十四畫

冪

《周禮·天官》：「冪人掌帟冪。」註：「帟可以覆物。祭祀，以疏布巾冪八尊，以畫布巾冪八彝。」　謹按：「帟」字乃「共巾」二字之譌。謹照原文，「掌帟冪」改「掌共巾冪」，「帟可以覆物」改「共巾可以覆物」，「八彝」改「六彝」。

冫部

四畫

冰　《韓詩外傳》：「冰者，窮谷陰氣所聚，不洩則結爲伏陰。」謹按：《韓詩外傳》無此語。查《初學記》引作《韓詩》。謹照《初學記》原文省「外傳」二字，「冰」字上增「説」字，「結」字下增「而」字。

《正韻》：「古文冰作仌，凝作冰。後人以冰代仌，以凝伐冰。」謹按文義，「伐冰」改「代冰」。

几部

一畫

凡

《周禮・天官・司會》註：「謂簿書，挈其最凡也。」　謹照原文，「謂」字上增「書」字，「挈」字改「契」字。

九畫

凰

《爾雅・釋鳥》：「鶠，鳳；其雌，皇。」疏：「雞頭，蛇頸，燕頷，龜背，魚尾。」　謹照原書，「疏」改「註」。

凵部

六畫

函

《前漢·禮樂志·郊祀歌》：「函業祉福常若期。」　謹照原文，「函業」改「函蒙」。

刀部

三畫

刊

《周禮·秋官·柞氏》：「夏至日，令刊陽木而火之。」　謹照原文，「至日」改「日至」。

四畫

刑

《禮·樂記》：「教之不刑，其此之由乎？」　謹照原書，「《樂記》」改「《學記》」。

刓

《前漢·韓信傳》：「刻刓，忍不能予。」　謹照原文，「刻」下增「印」字。

六畫

刷

顏延之《馬賦》：「旦刷幽燕，晝抹荆越。」　謹照原文，「晝抹」改「晝秣」。

七畫

則

《周禮》：「五命賜註則地未成國之名。」〔二〇〕　謹照原文，「註」改「則」，「則」改「註」。

八畫

剖

《説文》：「剖也。」　謹照原文，「剖也」改「判也」。

九畫

剬

《説文》：「剸齊也。」　謹照原文，「剸」改「斷」。

揚子《法言》：「魯仲連傷而不剬，藺相如剬而不傷。」　謹照原文，「傷」俱改「傷」。

十三畫

劒 《管子·地數篇》：「昔葛天盧之山，發而出金，蚩尤受而制之以爲劒鎧。」謹照原文，省「昔」字「天」字，「劒鎧」下增「矛戟」二字。

力部

六畫

効 《正韻》：「古惟从文，無从力者。」謹照原文，「从文」改「从攵」。

七畫

勇 《説文》：「氣也。一曰健也。从力，甬聲。勇者用也，共用之謂勇。」謹按：「勇者用也」，《説文》無此語。「共用之謂勇」，係《左傳》文，亦非《説文》。謹改爲「《左傳·文二年》。「共用之謂勇」，移在「《論語》」二字上。

十畫

勝

《荆楚歲時記》：「人日，翦綵爲花勝以相遺，或鏤金簿，爲人勝。」〔二一〕　謹照原文，「金簿」改「金薄」。

勹部

二畫

勿

《禮・祭義》：「勿勿乎，其欲響之也。」　謹照原文，「乎」字改「諸」字，「欲」字下增「其」字，「響」字改「饗」字。

三畫

包

《説文》：「男左行三十，女右行二十，俱位於巳。」　謹照原文，「位」字改「立」字。

六畫

匔 《說文》：「匝，偏也。」 謹照原文，「匝」字改「帀」字。

九畫

匐 《詩·邶風》：「匍匐救之。」〔二三〕箋：「盡方也。」 謹照原文，「方」改「力」。

十二畫

匓 《說文》：「⿰飠句也。祭祀曰厭匓。」 謹照原文，「⿰飠句」字改「飽」字，「祭」上增「民」字。

匚部

四畫

匡 《禮·禮器》：「年雖大殺，衆不匡。」 謹照原文，「匡」下增「懼」字。

十部

六畫

卒

左思《吴都賦》：「雕題之士，鏤身之卒。比飭虬龍，蛟螭與對。」　謹照原文，「比飭」改「比飾」。

卜部

五畫

卣

《詩·大雅》：「秬鹵一卣。」〔一三〕　謹照原文，「鹵」改「鬯」。

卩部

四畫

危

升自東榮，中屋危。〔二四〕　謹照《禮記》原文，「危」上增「履」字。

六畫

卹

《禮・曲禮》：「以策慧卹勿。」　謹照原文，「策慧」改「策彗」。

七畫

卽

《管子・弟子職》：「左手執燭，右手執卽。」註：「卽作㸐」。　謹照原文，「左手執燭」改「右手執燭」，「右手執卽」改「左手正櫛」。「卽作㸐」，非《管子》註文，惟《禮記・檀弓》註引「作卽」，謹改爲「《檀弓》註：『櫛作卽』。」

厂部

五畫

厎

《前漢·梅福傳》：「爵禄天下之厎石。」註：「師古曰：『有平、去二音。』」　謹按：所引與上文重複，且師古註亦無「有平、去二音」之語，謹照原文，改爲「《前漢·梅福傳》註：『師古曰：厎，細石也。音之履反，又音秖。』」

八畫

厝

《説文》：「厲石也。从厂，昔聲。《詩》曰：『他山之石，可以攻錯。』」　謹照原文，「攻錯」改「爲厝」。

十三畫

㕢

《篇海》：「音敖，蒼㕢。」　謹照原文，「蒼」改「倉」。

厲

《易・乾卦》：「厲旡咎。」　謹照原文，「旡」改「无」。

厶部

二畫

厽

《集韻》：「幻，古作厽。」註：「註《厽部》一畫。」　謹按文義，第二「註」字改「詳」。

九畫

參

《前漢・天文志》：「參爲白虎三星，直者爲衡石。」　謹照原文，「爲」字上增「是」字。

張衡《思玄賦》：「長金佩之參參。」　謹照原文，「金佩」改〔二五〕「余」。

【校注】

〔一〕見杜甫《十二月一日三首》。

〔二〕見《楚辭・九懷・蓄英》，漢代王褒著。

〔三〕王氏用「省某」，表示删衍文，「省」義同「删」。

〔四〕王氏用「改」，正訛誤字。又補脱文，删衍文，乙倒文。詳見後。

〔五〕王氏用「增」，補奪文。

〔六〕刊：改。原文「厚生」，引用時誤改爲「後生」，詞義迴異。

〔七〕「誤增某某」，表示衍文，「增」者「省」之，衍者删之，義正同。

〔八〕王氏用「移」表示乙正被顛倒的字詞句順序。

〔九〕此《既夕》與前一篇《士喪禮》實爲一篇，因簡册繁重分而爲二，故歷來視爲《士喪禮》的下篇或續篇。該篇取篇首二字爲題，與《有司徹》同例。

〔一〇〕見《大雅·崧高》。

〔一一〕見《魯頌·閟宫》。原文作「俾爾熾而昌」。

〔一二〕《荀子·非相》楊倞注引：「韓侍郎云：『四目爲方相，兩目爲倛』。」韓愈《雜説三·崔三君傳》：「其貌有若蒙倛者。」

〔一三〕見《小雅·韓奕》。

〔一四〕見揚雄《太玄經·闕》。

〔一五〕見《小雅·鹿鳴》。

〔一六〕《荀子·正名篇》：「心平愉，則色不及傭而可以養目。」

〔一七〕見《大雅·桑柔》。

〔一八〕此《小雅》佚詩。《笙詩》也稱《六笙詩》，是《小雅》「鹿鳴之什」中的《南陔》，「白華之什」中的

《白華》《華黍》《由庚》《崇丘》《由儀》的合稱，都有篇名而無文辭。宋人朱熹始稱《笙詩》。實際上，文辭亡佚，僅留下篇名。

〔一九〕見《孟子・梁惠王下》。

〔二〇〕見《春官・大宗伯》鄭注。

〔二一〕見《太平御覽》卷三十引南朝梁人宗懔《荊楚歲時記》。

〔二二〕見《邶風・谷風》。

〔二三〕見《大雅・江漢》。

〔二四〕見《禮記・喪大記》。

〔二五〕「余」下脱「佩」字。

丑集

《〈字典·丑集·上〉考證》目録

《字典·丑集·上》考證

口部

二畫

句

《史記·仲尼弟子傳》：「句井疆。」註：「《正義》曰：『句作勾。』」 謹照原文，「勾」改「鈎」。

叩

《禮·樂記》：「叩之以小者則小鳴，叩之以大者則大鳴。」 謹照原書，「《樂記》」改「《學記》」。

叫

司馬相如《大人賦》：「糾廖叫奡。」 謹照原文，「糾廖」改「糾蓼」。

厶

徐鉉曰　謹照《説文》，「徐鉉」改「徐鍇」。

台

《集韻》：「祥吏切，音寺。古文嗣字。」　謹照原文，「古文嗣字」改「嗣，古作台」。

《古文尚書》作「弗台」。　謹照《文選·典引》註，「古」改「今」，「弗」改「不」。

右

又叶于記切，音意。　謹按：「于」屬喻母，「意」屬影母。「于記切」非「意」字之音。

謹照字母，「音意」改「音異」。

三畫

旨

揚子〔一〕《方言》：「沅澧之閒，使之而不肯，答曰旨。」「今中國語亦然。」　謹照原文，

「今」字上增「註」字。

合

《戰國策》：「意者，臣愚而不闔王心耶？」〔二〕　謹照原文，「闔」字下增「於」字。

吉 按：釋文：「吉，毛讀如字，鄭讀爲姞。其吉反，又其一反。」謹照原文，「其一反」改「其乙反」。

同 《司馬法》曰：「十成爲終，終十爲同。」〔三〕謹照《周禮》註，原文「終十」改「十終」。

名 《周語》：「有不貢則修名。」〔四〕註：「名爲尊卑職貢之名號。」謹照原文，「爲」改「謂」。

向 《左傳·襄十一年》：「晉侯使叔肸告于諸侯。」註：「叔肸，叔向也。」謹照原文，兩「肸」字竝改「肹」。

四畫

吻 《釋名》：「吻，免也。入之則碎，出則免也。又取拔也，漱唾所出，恒加拉拭，因以爲名也。」謹照本文文義，「取拔」改「取拉」。

吼 《後漢・童恢傳》：「一虎低頭閉目，狀如震懼，即時殺之。其一視恢鳴吼，踊躍自奮。」 謹照原文，「踊躍」改「踴躍」。

五畫

呞 本作韶，吐而噍也。 謹照《廣韻》《集韻》，「韶」改「齠」。

咉 揚雄《甘泉賦》：「薌咉肸以棍根兮。」 謹照原文，「肸」改「肹」，「棍」改「掍」。

呼 《爾雅・釋草》：「蔜蕵，馬尾。」註：「蔏蓙，一名夜呼。」 謹照原文，「註」改「疏」。

命 《論語》：「爲命，裨諶草創之。」〔五〕註：「命謂政令盟會之辭也。」 謹照原文，「註」改「疏」。

六畫

呃

《大戴禮》：「機之銘曰。」〔六〕　謹照原文，「機」改「机」。

咳

《史記·扁鵲傳》：「曾不可以告咳嬰之兒。終日。」　謹按：「終日」二字屬下文「扁鵲仰天嘆曰」爲義，不連上句，謹省去。

《史記·倉公傳》：「受其《脈書上下經》、《五色診》、《奇咳》。」　謹按原文，「奇咳術」三字連讀，「術」字不可省，謹於「咳」下增「術」字。

釋文：「奇音羈。咳音該。」　謹照原書，「釋文」改「集解」。

咺

《列子·力命篇》：「墨屎、單至、單咺、憋懯，四人相與遊於世。」註：「張湛曰：『咺，汗緩貌。』」　謹照原文，「單咺」改「嘽咺」，「憋」改「憋」，「汗」改「迂」。

品

《書·禹貢》：「厥貢惟金三品。」疏：「鄭云：『以爲金三品者，銅三色也。』」　謹照原文，「鄭云」改「鄭玄」。

《左傳·文十五年》：「楚子乘驛。」　謹照原文，「十五年」改「十六年」，「驛」改「馹」。

坐　與坐同。《孫叔敖碑》：「苦冠章甫而坐塗炭也。」　謹照原文，「苦冠章甫」改「若冠章甫」。

七畫

員　《詩·小雅》：「無棄爾輔，員于爾幅。」〔七〕　謹照原文，「幅」改「輻」。《商頌》：「景員維河。」〔八〕箋：「員，古與云通。」　謹照原文，「古與云通」改「古文作云」。

哴　《玉篇》：「啼極無聲謂之嗟哴也。」　謹照原文，「嗟」改「唴」。

唐　《武帝紀》：「南巡狩，至於盛唐。」註：「韋昭曰南郡。」　謹照原文，「南郡」上增「在」字。

八畫

售 《戰國策》：「賣僕妾售乎閭巷者。」〔九〕 謹照原文，「閭巷」改「閭巷」。

唼 《集韻》本作「捷」。捷捷，譖言。 謹照原文，「讃」改「譖」。

唾 《左傳·僖二十三年》：「不顧而唾。」 謹照原文，「二十三年」改「三十三年」。

商 《周禮·天官·太宰》：「九賦，六曰商賈，阜通貨賄。」 謹照原文，「九賦」改「九職」。

問 《禮·曲禮》：「凡以苞苴簞笥問人者。」 謹照原文，「簞笥」改「簞笥」。

啐 《集韻》：「祖對切，音晬。」 謹按《集韻》「祖對切」內，有「晬」無「晬」，「音晬」改「音晬」。

啓

《爾雅・釋畜》註：「《左傳》曰：『啓服。』」疏：「昭二十八年。」　謹照原文，「二十八年」改「二十九年」。

啖

《史記・叔孫通傳》註：「如淳曰：『食無菜茄爲啖。』」　謹照原文，「菜茄」改「菜茹」。

啞

《集韻》：「瘏也。」　謹照原文，「瘏也」改「瘖也」。

九畫

喑

音義：「喑，李音飲，郭音闇，陸音蔭。又於感反。」〔一〇〕　謹照原文，改「音義：『喑，音蔭，郭音闇，李音飲。一音於感反。』」

喬

《戰國策》：「世之稱孤而有喬、松之壽。」〔一一〕　謹照原文，「世之」改「世世」。

喭

《論語》：「由也喭。」〔一二〕註：「子路之行，失於吽喭。」　謹照原文，「吽喭」改「畔喭」。

嘽

揚雄《甘泉賦》：「嘽倦垣兮。」　謹照原文，「倦」改「捲」。

十畫

嗅

《莊子·逍遥遊》：「嗅之，則使人狂醒，三日而不已。」　謹按：《逍遥遊》無此文，謹照原書，「《逍遥遊》」改「《人閒世》」，「醒」改「酲」。

嗛

《穀梁傳·襄二十四年》：「穀不升謂之嗛。」　謹照原文，「穀」字上增「一」字。

《戰國策》：「膳啗之嗛于口。」〔一三〕　謹照原文，「啗」改「啗」。

嘔

潘岳《笙賦》：「先嘔噦而理氣。」　謹照原文，「而」改「以」。

十二畫

嘲

《前漢·揚雄傳》：「執蝘蜓而嘲龜龍。」　謹照原文，「蝘」改「蝘」。

嘻

《史記·藺相如傳》：「秦王與群臣相視而嘻。」註：「喜，驚而怒之辭也。」謹照原文，「喜」改「嘻」。

嘽

《列子·力命篇》：「墨𡱁、單至、嘽咺、憋懯。」謹照原文，「憋懯」改「憋敷」。

嘾

《莊子·馬蹄篇》：「大甘而嘾。」謹按：《馬蹄篇》無此語，查係《玉篇》引《莊子》文。「《莊子·馬蹄篇》」改「《玉篇》引《莊子》」。

噂

《詩·小雅》：「噂沓背憎。」〔一四〕箋：「噂噂沓沓，相對談語，背則相憎逐也。」謹照原文，「背則相憎」解經之「噂沓背憎」也。「逐爲此者，由主人也」，解經之「職競由人也」。「競，逐也。」「憎」與「逐」不連讀，今省「逐」字。

十三畫

噪

《拾遺記》：「魯僖公有白鷁，遶煙而噪。」謹照原文，「白鷁」改「白鵶」。

噫

《禮·内則》：「不敢噦噫嚏咳。」　謹照原文，「嚏」改「嚔」。

十四畫

嚮

《廣韻》《爾雅》〔一五〕：「兩階謂之嚮。」　謹照原文，「兩階」下增「間」字。

十五畫

嚚

《晉語》：「召史嚚占。」　謹照原文，「占」下增「之」字。

十七畫

嚴

《正字通》：「敵將至，設備曰戒嚴；敵退，弛備曰餘嚴。」　謹照原文，「餘」改「解」。

又《周禮·秋官·小司寇》註：「嚴子爲坐。」　謹照原文，「嚴子」上增「鍼」字。

嚶

《爾雅·釋訓》：「嚶嚶，相切直也。」註：「嚶嚶，而鳥鳴。」　謹照原文，「而鳥鳴」改「兩鳥鳴」。

十八畫

囂

《前漢·董仲舒傳》：「此民之所以囂囂，若不足也。」　謹照原文，「若不足」改「苦不足」。

十九畫

囈

《列子·周穆王篇》：「眂中啽囈呻呼。」　謹照原文，「眂」改「眠」。

口部

三畫

因

鄒陽〔一六〕《上梁王書》：「夜光之璧，以暗投人於道，莫不按劍相眄者，無因至前也。」　謹照《史記》《漢書》本傳，「眄」竝作「眄」，改「眄」。

四畫

囤

今俗言倉篅也，一曰篅，判竹圜以盛穀也。　謹按：「今俗言倉篅」，見徐鍇《說文繫傳》。「一曰篅」三字，《說文》無，《繫傳》亦無，今改「篅判竹圜以盛穀也。徐鍇曰：『今俗言倉篅』」。

七畫

圂

《說文》：「象豕在口中也。」《禮·少儀》：「君子不食圂腴。圂音豢。」　謹按：引《說文》「豕在口中」與上文所引重複，且訓「豕在口中」者，音胡困切，不音胡慣切。今改「《禮·少儀》：『君子不食圂腴。』註：『謂犬豕之屬食米穀者也。』」

八畫

圉

《左傳·哀十六年》：「楚圉公陽穴宮，負王以入昭夫人之宮。」　謹照原文，「入」改「如」。

《管子·大匡篇》：「吾參圉之。」　謹照原文，「圉」改「圍」。

十畫

園

《周禮·地官·充人》：「以場圃任園地。」　謹照原文，「《充人》」改「《載師》」。

《梵書》：「須達多長者，建精舍，請佛住，凡十二百區。」　謹按文義，「十」改「千」。

《〈字典·丑集·中〉考證》目録

《字典・丑集・中》考證

土部

一畫

土

《説文》：「地之吐生物者也。二象地之下、地之中；物出形也。」　謹照原文，「物出」上增「丨」字。

三畫

圭

註：「六十四黍爲圭，四圭曰撮。」　又，凡合單紛爲一糸，四糸爲一扶。　謹照《後漢書》原文，「紛」改「紡」，「糸」改「系」，省上文「四圭曰撮」句，改「《後漢・輿服志》」。

地

《内經》：「岐伯曰：地爲人之下，太虚之中。黄帝曰：何憑？曰：大氣舉之。」〔一七〕謹照原文，「何憑」改「馮乎」。

四畫

均

《周禮·地官·大司徒》：「以土均之法，鈞齊天下之政。」謹照原文，「鈞」改「均」。又地名。均，古麇國，在襄陽。謹按：《春秋左傳》〔一八〕有麇國，無麇國，「麇」改「麇」。

坐

《左傳·桓十二年》：「楚人坐其北門而覆其山下，大敗之。」謹照原文，「覆其山下」改爲「覆諸山下」。本作坐。《説文》：「从土，从留省，土，所止也。」謹照《説文》，「坐」改「㘴」，「留」改「畱」。

抖

《正字通》：「與圩、㪷、斞㚒同，古國名。」謹按：「斞」乃「鄡」之譌。《集韻》「抖鄡古國名」是也。鄩音尋，與「𨸏」不同字，不得云「𨸏與鄩同」。謹省「𨸏」字。

五畫

坫

《禮・明堂位》：「反爵出尊。」謹照原文，「反爵」改「反坫」。

沈括《筆談》引《汲冢周書》：「回阿反坫。」謹照原文，「回阿」改「四阿」。

坺

《説文》：「治也。一曰鍤土謂之坺。」謹照原文，「鍤土」改「臿土」。

六畫

垐

《説文》：「以土增大道上。」一作堲。謹照原文，「一作堲」改「古作堲」。

垓

《周語》：「天子之田九垓。」謹照《説文》原文，改爲引「《春秋國語》：『天子居九垓之田』」。

七畫

垸

《說文》：「以桼和灰而髹也。」　謹照原文，「髹」改爲「髤」。註：「垸，量名，秤之則重三垸。」疏：「桼之乾，以石磨平之也。」　謹按：《周禮·冶氏》註疏無此文，謹照原文，改「註：『垸，量名。讀爲丸。』疏：『其垸是稱量之名，非斛量之號。』」

城

《博物志》：「得石槨銘，曰：『佳城鬱鬱，二千年見白日，吁嗟夏公居此室。』」〔一九〕謹照原文，「二」改「三」，「夏」改「滕」。

八畫

執

《書·大禹謨》：「允執其中。」　謹照原文，「其」改「厥」。

堅

《說文》：「土積也。一曰築也。从聚省。」　謹按：原文無「一曰築也」之語，謹省此四字，於「从聚省」下增「《廣韻》：『垛也。』」

堁

《説文》：「壓，塵也。」 謹按：《説文》無「堁」字，此引「壓，塵也」乃《説文》「壓」字註，誤引於「堁」字下。查《集韻》：「堁，苦卧切。」引《博雅》：「堁，塵也。」謹改「《博雅》：『堁，塵也。』」

揚子《方言》：「堁，火也。」 謹按：原文「煤，火也」，字从火，不从土。今誤繫「堁」字下，謹省此七字，於上文所引《淮南子·主術訓》「揚堁而弭塵」下增「高註：『堁，動塵之貌。』」

堅

《禮·月令》：「季冬之月，冰澤腹堅。」 謹照原文，「冰澤」改「水澤」。

堋

《左傳·昭十二年》：「不毁則日中而堋。」 謹照原文，「不毁」改「弗毁」。

九畫

堨

《説文》：「遮隔也。」 謹照原文，改「遏遮也」。

堡

《唐書·歌舒翰傳》：「拔連城堡。」 謹照原書，「歌舒翰」改「哥舒翰」。

埾　《集韻》：「節力切，音叜。火㙹曰埾。」　謹照原文，「火㙹」改「火熟」。

堵　《周禮·春官·小胥》：「凡爲堵，全爲肆。」註：「凡編鐘編磬，各十六枚半，懸之在一簴謂之堵，全陳之在一簴謂之肆。」　謹照原文，「凡爲堵」改「半爲堵」。註內兩「簴」字竝改「虡」。

十畫

塗　又三塗：太行、轘轅、崤澠也。　謹照《集韻》，「轘」改「轘」。馬融《廣成頌》：「左䜎三塗，右㮣嵩嶽。」䜎音聆。　謹照原文，「左䜎」改「右䜎」，「右㮣」改「左㮣」。又「聆」與「䜎」不同音，照原註「音聆」改「視也」。柳宗元詩：「東門半屢飯，中散蝨空爬。」〔二〇〕　謹照原文，「半」改「牛」。

塞　《史記·蘇秦傳》：「秦，四塞之固。」　謹照原文，「固」改「國」。《莊子·駢拇篇》：「問轂何事，則博塞以遊。」　謹照原文，「轂」改「穀」。

十二畫

墽

《説文》：「周垣也。」班固《西都賦》：「墽以周垣。」　謹按：《西都賦》作「繚以周牆」，此作「墽以周垣」者，乃《説文繫傳》按語所引。今謹將「班固」二字改爲「註引」。

墨

《禮・玉藻》：「卜人定龜，史定墨。」註：「凡卜，必以墨畫龜乃鑽之，觀所拆以占吉凶。」　謹照原文，「拆」改「坼」。

又《太史公論六家之要旨》：「墨家儉而難遵，然其彊本節用，不可廢也。」　謹照《漢書・司馬遷傳》，「彊本」改「彊本」。

墳

《周禮・春官・司烜氏》：「共墳燭。」　謹照原書，「《春官》」改「《秋官》」。

夊部

四畫

夆

《說文》：「啎也。」徐曰：「相逆啎也。」　謹照原文，兩「啎」字並改「牾」。

《〈字典·丑集·下〉考證》目録

《字典·丑集·下》考證

夊部

六畫

夎

《説文》：「鳥飛斂足也。」引《爾雅》：「鶅鵙醜，其飛也。」註：「不能翱翔遠舉，但竦翅上下而已。」謹照《説文》《爾雅》原文，改作「《説文》：『斂足也。鶅鵙醜，其飛也夎。』《爾雅》作『猣』」。「註」改「疏」，「舉」改「飛」。

夕部

二畫

外

《禮·祭儀》：「禮也者，動乎外者也。」 謹照原書，「《祭儀》」改「《祭義》」，照原文「動乎」改「動於」。

三畫

多

《易·否卦·彖傳》：「内君子而外小人。」 謹照原書，「《否卦》」改「《泰卦》」。

《禮·坊記》：「取數多者，仁也。」 謹照原書，「《坊記》」改「《表記》」。

《左傳·僖七年》：「後之人必求多于汝。」 謹照原文，「必求」改「將求」。

五畫

夜

《説文》：「夾，舍也。」 謹照原文，「夾」改「夜」。

十一畫

夢 《詩·小雅》：「乃占斯夢。」 謹照原文，「斯夢」改「我夢」。

大部

大 《儀禮·公食大夫禮》：「士羞、庶羞皆有大，贊者辨取庶羞之大，以治賓。」 謹照原文，「治賓」改「授賓」。

一畫

夫 又國名，丈夫國在維鳥，見〔二〕《山海經》。 謹照原文，「維鳥」下增「北」字。《史記·董仲舒傳》：「五霸比于三王。」 謹按《史記·儒林傳·董仲舒傳》無此語，所引出《前漢書》。 謹將「《史記》」二字改「《前漢》」。

夭《詩·小雅》：「夭夭是椓。」〔三二〕 謹照原文，「夭夭」改「夭夭」。

三畫

夷《易·説卦》：「坤上離下，明夷。」 謹按：《説卦》無此語，謹照原書，改「《易·序卦》『故受之以明夷』」。

郭璞《江賦》：「冰夷舞浪。」 謹照原文，「舞」改「倚」。

相傳籛鏗之子，長曰舞，次曰夷。 謹照《列仙傳》原文，「鏗」改「鏗」。

五畫

奄《集韻》：「於贍切。」《正韻》：「於黶切。」炏音弇。 謹按：《集韻》「於贍切」以「憸」字爲首，謹照《集韻》「弇」改「憸」。

奇 司馬相如《上林賦》，「窮奇犀象。」註：「狀如牛，蝟毛，音如皞狗，食人。」 謹照原文，「犀象」改「象犀」，「皞」改「嗥」。

《周禮・地官》：「奇衺則相及，徙于國中及郊。」謹照原文，「徙於國中及郊，則從而授之」二句相連，不便單引一句。謹改「比長有辠，奇衺則相及」。

六畫

奎 《禮・月令》：「季夏，奎旦中。」〔一二〕謹照原文，改「旦奎中」。

奔 《爾雅・釋居》：「堂上謂之行。」謹照原書，「釋居」改「《釋宮》」。

《詩・齊風》：「鶉之奔奔。」謹照原書，「《齊風》」改「《鄘風》」。

九畫

奠 《周禮・地官》「職幣」。謹照原書，「《地官》」改「《天官》」。

《禮・文王世子》：「凡學，春夏釋奠於先師。」謹照原文，「春夏」改「春官」。

奢 又美人名。《荀子・賦論篇》：「閭娵子奢，莫知媒也。」謹照原書，《賦論篇》省「論」字。「莫知媒也」，改「莫之媒也」。

十一畫

獎

《左傳・襄十一年》:「獎王室,無閒兹命。」 謹按:《左傳》作「或閒兹命」,文義屬下,不屬上,不便與「獎王室」連引。謹照原文,改「同好惡,獎王室」。

女部

三畫

好

《周禮・地官》:「琬圭以結好。」 謹照原書,「《地官》」改「《春官》」。

《左傳・文十二年》:「籍先君之命,結二國之好。」 謹照原文,「先君」改「寡君」。

妄

《易・説卦》:「上乾下震,无妄。」 謹按:所引非《説卦》文,謹將「《説卦》」改「卦名」。

四畫

妙 《易・繫辭》：「神也者，妙萬物而爲言者也。」 謹照原文，「《繫辭》」改「《說卦》」。

妣 《爾雅・釋親》：「父曰考，母曰妣。」 謹照原文，兩「曰」字竝改「爲」字。

妥 《詩・大雅》：「以妥以侑。」〔二四〕 謹照原文，「《大雅》」改「《小雅》」。

五畫

妲 《晉語》：「殷辛伐有蘇，氏有蘇以妲己女焉。」 謹照原文，「氏有蘇」改「有蘇氏」。

姊 《爾雅・釋親》：「男子謂女子先生曰姊。」 謹照原文，「曰姊」改「爲姊」。

始 《漢安世房中歌》：「《七始》《華始》，肅侶和聲。」 謹照原文，「侶」改「倡」。

司馬相如《大人賦》：「垂旬始以爲幓。」 謹照原文，「幓」改「幓」。

姍

《前漢・外戚傳》：「立而望之，何姍姍其來遲。」　謹照原文，「何」字上增「偏」字。

司馬相如《子虛賦》：「便姍嫳屑。」　謹照原文，「《子虛賦》」改「《上林賦》」。

娍，古文𡟼。

謹：　按《說文》《玉篇》《廣韻》《集韻》《類篇》「娍」字均無「古文作𡟼」之文，惟《說文》「娍」字作「𡟼」，此蓋以「娍」字篆文誤爲「娍」字古文。　謹將「古文𡟼」三字省去，於《註》中「《集韻》王伐切，音越，輕也」，改爲「《唐韻》《廣韻》《集韻》𠀤王伐切，音越。《說文》：『娍，輕也。』」

姑

《左傳・昭二十二年》：「晏子曰：『古人居此地者，有蒲姑氏。』」杜預曰：「樂安博昌縣北有蒲姑城。」　謹按：　傳文無此語，杜預所註在《昭九年》，不在《二十二年》，今謹改爲「《左傳・昭九年》：『及武王克商，蒲姑、商奄，吾東土也。』杜預註曰：『樂安博昌縣北有蒲姑城。』」

姓

晐姓，備庶媵也。《吴語》：「一介嫡女，願執箕箒以晐姓于王宮。」　謹照原文，兩

「晐」字俱改「晐」。

《君奭》：「越百姓里居。」 謹照原書，「《君奭》」改爲「《酒誥》」。

「京房本姓李，推律定性，爲京氏。」 謹照《漢書・京房傳》，「定性」改「定姓」。

六畫

姚 又戈笑切，音燿。 謹按：「戈」與「燿」，字母不同。今照《集韻》，「戈笑切」改「弋笑切」。

姤 《易・説卦》：「乾上巽下，姤。」 謹按：所引非《説卦》文，謹將「《説卦》」改「卦名」。

姦 《禮・學記》：「政以一其行，刑以防其姦。」 謹照原書，「《學記》」改「《樂記》」。

姨 《左傳・莊十年》：「息嬀過蔡，蔡侯曰：『吾姨也，止而享之。』」 謹照原文，「享之」改「見之」。

姬 《左傳·昭二十七年》：「武王克商，光有天下。」　謹照原文，「二十七年」改「二十八年」。

八畫

娵 《前漢·古今人物表》　謹照原書，省「物」字。

繫馬曰維，繫牛曰婁。「牛馬維婁」，見《左傳》。　謹按：所引出《公羊傳》。謹將「《左傳》」改「《公羊》」。

婁 《左傳·隱四年》：「莒人伐杞，取牟婁。」　謹按：所引係《春秋》經文，謹將「《左傳》」改「《春秋》」。

婉 《詩·衛風》：「燕婉之求。」〔二五〕　謹照原書，「《衛風》」改「《邶風》」。

婢 《左傳·僖十五年》：「穆姬曰：『晉侯朝以入。』」　謹照原文，「晉侯」改「晉君」。

九畫

媮　《左傳·文十八年》：「齊君之語媮。」　謹照原文，「十八年」改「十七年」。

媢　《左傳·定九年》：「齊侯致禚、媢、杏于衛。」註：「三邑皆齊四界。」　謹照原文，「四界」改「西界」。

媞　《夏小正》：「媞，蕍也。蕍也者，莎蘠也。媞也者，其實也。」　謹按：《夏小正》作「緹」不作「媞」。作「媞」者，《爾雅》也。謹改作「《爾雅》：『蕍、葠、莎，其實媞。』註引《夏小正》曰：『媞者，其實。』」

十畫

媵　《楚辭·九歌》：「彼滔滔兮來迎。」　謹照原文，「彼」改「波」。

嫁　《周禮·地官·媒氏》：「禁夫嫁殤者。」註：「謂以死而求夫也。」　謹照原文，「禁」下省「夫」字，謂以死者求夫，語出《周禮訂義》。謹將「註」字改「訂義」，「而」字改「者」字。

十一畫

嫡

《左傳・閔元年》：「內寵𠀤后嬖子配嫡。」 謹照原文，「元年」改「二年」。

嬒

豐艷貌。《韓詩外傳》：「碩大且嬒。」 謹按：《韓詩外傳》無此文。查《太平御覽》引《韓詩》作「嬒」，又引《章句》曰：「嬒，重頤也。」謹照《韓詩章句》，「豐豔貌」改「重頤謂之嬒」，省「外傳」二字。

十三畫

嬗

又與嬋通。賈誼《(服)(鵩)賦》：「或流而遷，或推而還，形氣轉續，變化而嬗。」 謹照《漢書・賈誼傳》註，「又與嬋通」改「又與禪通」。𠀤照原文，「或流」改「斡流」。

十四畫

嬴

左思《魏都賦》：「𢏺弦一發。」 謹照原文，改「控弦簡發」。

《左傳·哀十五年》：「公孫宿以其甲兵入于嬴。」 謹照原文，「甲兵」改「兵甲」。

與嫣通。《周語》：「反及嬴内，以無射之上宫。」註：「嬴内同嫣汭。」 謹按：《周語》註無「同嫣汭」之語。「以無射之上宫」句文義亦未足。謹改爲「地名也。《周語》：『反及嬴内，布憲施舍於百姓。』註：『嬴内，地名。』」

嫢

《前漢·古今人物表》 謹照原書，省「物」字。

十七畫

孀

王瑗《清河王誄》：「惠于媰孀。」 謹按：《廣韻》「媰」字註作「崔子玉即崔瑗也」。「王瑗」改「崔瑗」。

二十一畫

孏

《後漢·王丹傳》：「每歲農時，丹載酒肴田間，勤苦者勞之，其惰孏者耻不欽。」 謹照原文，「田間」上增「於」字，「勤苦」改「候勤」，「惰」改「憧」，「耻」改「耻」，「欽」改「致」，下增「丹皆兼功自厲」六字，以足文義。

【校注】

〔一〕見《方言十》。

〔二〕見《秦策三》。

〔三〕此《司馬法》逸文，見《周禮·地官·小司徒》注引。

〔四〕見《國語·周語上·蔡公諫征犬戎》。

〔五〕見《論語·憲問》。

〔六〕見《大戴禮記·武王踐阼》。

〔七〕見《小雅·正月》。

〔八〕見《商頌·玄鳥》。

〔九〕見《秦策一》。

〔一〇〕《音義》即《經典釋文》。

〔一一〕見《秦策三》。

〔一二〕見《論語·先進》。

〔一三〕見《趙策四》。

〔一四〕見《小雅·十月之交》。

〔一五〕見《爾雅·釋宫》。

〔一六〕即《獄中上梁王書》。

〔一七〕《黄帝内經·素問·五運行大論》。「之中」下脱「者也」二字，當補。

〔一八〕見《左傳・文公十一年》。

〔一九〕又見于《西京雜記》卷四。

〔二〇〕《同劉二十八院長述舊言懷感時書事奉寄澧州張員外使君五十二韵之作因其韻增至八十通贈二君子》。

〔二一〕見《海外西經》。又下引《董仲舒傳》語，王引之疑出《前漢書》。今查《漢書・董仲舒傳》，僅有「五伯比於他諸侯爲賢，其比三王，猶武夫之與美玉也」數語，語意不同，殆爲誤記。

〔二二〕見《小雅・正月》。

〔二三〕並見於《淮南子・時則訓》。校語中用「改」，用於乙倒文。

〔二四〕見《小雅・楚茨》。

〔二五〕見《邶風・新臺》。

寅集

《〈字典·寅集·上〉考證》目録

《字典·寅集·上》考證

子部

子

女子亦稱子。《禮·曲禮》：「夫人自稱曰婢子。」　謹按：自稱曰婢子，乃世婦以下之稱，非夫人也。夫人自稱曰小童，不曰婢子，據改「自世婦以下自稱曰婢子，見《禮記·曲禮》。」

《爾雅·釋歲》：「太歲在子曰困敦。」　謹照原書，「《釋歲》」改「《釋天》」。

孑

又孑孑，水中赤蟲，游水際，遇人則沉。俗呼沙蟲，一名蜎蠉。《淮南子·說林訓》：「孑(孑)〔孓〕爲蟁。」　謹照原文，兩「孑子」竝改「孑孓」。

孑

《博雅》：「孑孓，短也。」〔一〕　謹照原文，「孓」改「孑」。

三畫

字

《周禮·春官·大宗伯》：「內史掌書名於四方。」註：「古曰名，今曰字。滋益而名，故更曰字。」　謹照原文，改：「《周禮·春官·外史》：『掌達書名于四方。』註：『古曰名，今曰字。』疏：『滋益而多，故更稱曰字。』」

存

《禮·王制》「年八十，月告存」註。　謹照原文，改「八十，月告存」。「註」改「集説」。

四畫

孛

又星。《春秋·昭十七年》：「冬，有星孛入於大辰。孛，彗星也。申繻曰：『彗，所以除舊布新也。』」　謹按：「孛，彗星也」，非《春秋》原文，謹改爲「又彗星也。《左傳·昭十七年》：『冬，有星孛於大辰，西及漢。』」「申繻」改「申須」。

五畫

季

《左傳・文十八年》：「高莘氏有才子八人。」　謹照原文，「高莘」改「高辛」。

七畫

孫

《書・武成》：「告於皇天、后土，所過名山大川，曰：『惟有道曾孫發。』」　謹照原文，「發」字上增「周王」二字。

《春秋・閔二年》：「夫人姜氏孫于楚。」　謹照原文，「楚」改「邾」。

八畫

孰

《儀禮・特牲饋食》：「祭祀自孰始。」《禮・禮運》：「腥其俎，孰其殽。」　謹按：「祭祀自孰始」乃註文，非經文，次序當先經後註。　謹據改爲：「《禮・禮運》：『腥其俎，孰其殽。』《特牲饋食禮》註：『祭祀自孰始。』」

九畫

孲

揚子《方言》：「吳人謂赤子曰㝞孲。」　謹按《方言》無此語，見《集韻》「㝞」字註。謹將「揚子《方言》」改爲「《集韻》又曰」。

十一畫

𡦂

揚子《方言》：「陳楚間，凡人嘼乳而雙産曰𡦂孖。」　謹照《方言》原文及《集韻》所引《方言》，「孖」改「孶」。

十四畫

孺

《禮・檀弓》：「有子與子游立，見有孺子慕者。」　謹照原文，「見」字下省「有」字。

十九畫

孿

揚子《方言》：「東楚間，凡人嘼乳而雙生謂之釐孖，秦、晉間謂之僆子，自關以東謂之孿。」　謹照原文，「東（楚）」改「陳（楚）」，「生」改「産」，「孖」改「孶」，「以」改「而」。

宀部

二畫

宁　《説文》：「宁，辨積物也。」　謹照原文，「辨」改「辨」。

宄　《書·舜典》：「寇賊姦宄。汝作士。」又《漢書》作「姦軌」。　謹按：「汝作士」文義屬下，此誤連引。「姦宄」下，謹改「又通軌〔二〕，《史記》『寇賊姦宄』。」

三畫

宅　《周禮·地官·大司徒》：「以土宜之法，相民宅，而知其利害，以阜人民。」〔三〕　謹照原文，改「辨十有二土之名物，以相民宅，而知其利害。」

宇　《易·繫辭》：「上棟下宇，以蔽風雨。」　謹照原文，「蔽」改「待」。

守

《左傳・昭二十年》：「晏子云：『山林之木，衡麓守之。』」　謹照原文，「衡麓」改「衡鹿」。「『海之蜃蛤，祈望守之。』『衡麓』等皆官名。」　謹照原文，「蜃蛤」改「鹽蜃」，「衡麓」改「衡鹿」。

安

賈誼《治安策》：「置之安處則安，置之危處則危。」　謹照原書，改「《前漢・賈誼傳》」。

五畫

宕

《穀梁傳・文十一年》：「長翟弟兄三人佚宕中國。」　謹照原文，「弟兄」改「兄弟」。

宗

《周禮・春官・大宗伯》：「諸侯朝於天子，春見曰朝，夏見曰宗。」　謹照原文，「諸侯朝於天子」改爲「以賓禮親邦國」。

官

《周禮·天官》疏："「故曰建官分職，以爲民極。」　謹照原文，「建」改「設」。

《禮·玉藻》：「在官不俟履。」　謹照原文，「履」改「屨」。

《禮·樂記》：「禮明樂備。」　謹照原文，改「禮樂明備」。

六畫

客

《禮·郊特牲》：「天子無客禮，莫敢爲主也。」　謹照原文，「也」改「焉」。

《易·繫辭》：「重門擊柝，以禦暴客。」　謹照原文，「禦」改「待」。

宣

《爾雅·釋訓》：「通也。」　謹按：《爾雅》無此文。謹改：「《左傳》賈註，賈註見《史記》四十二。」

宧

《爾雅·釋宫》：「室東隅謂之宧。」　謹照原文，「東」下增「南」字。

《禮·喪禮》：「埽室聚諸宧。」　謹照原書，改「《士喪禮》」。

室

《易·繫辭》：「上古穴居野處。」　謹照原文，「野」字上增「而」字。

《考工記》：「夏后世室，殷人重屋，周人明堂。」　謹照原文，「夏后」下增「氏」字。

七畫

宧

《越語》：「越王乃卑事秦，宧士三百人於吴。」　謹照原文，改「勾踐卑事夫差」。

宫

《釋名》：「宫，穹也，屋見垣上穹隆然也。」　謹照原文，兩「穹」字灶改「穹」。

家

《説文》：「居也。《爾雅·釋宫》：『户牖之閒曰扆，其内謂之家。』」　謹照原文，改「家，居也。《爾雅》：『牖户之閒謂之扆。』」

《左傳·襄二十六年》：「大夫皆富，政將在家。」　謹照原文，「二十六年」改「二十九年」。

容

《禮·冠義》：「禮文之始，在於正容體。」　謹照原文，「禮文」改「禮義」。

《射義》：「試之於澤宮。」　謹照原文，「澤宮」改「射宮」。

《禮記》：「有周大夫容居。」　謹照《檀弓》，「周」改「徐」。

八畫

宿

《左傳·昭二十六年》：「官宿其業。」　謹照原文，「二十六年」改「二十九年」。

寇

郭璞註：「今江東有小皃，其多無數，俗謂之寇。」　謹照原文，「寇」字下增「皃」字。

叜

班固《人物志》「鼓叜」即瞽瞍也。　謹照原書，改「《前漢書·人表》」。

九畫

富

《周禮·天官·冢宰》：「一曰爵，以馭其富。」　謹照原文，「一曰爵」改「二曰祿」。

寎

《爾雅·釋歲》：「三月爲寎月。」　謹照原書，「《釋歲》」改「《釋天》」。

寓　《左傳・僖二十八年》：「君憑軾而觀之，得臣寓目焉。」　謹照原文，「得臣」下增「與」字。

十畫

寘　《左傳・隱元年》：「遂寘姜氏於城穎。」　謹照原文，「穎」改「潁」。

十一畫

察　班固《幽通賦》：「攬葛藟而授子兮。」　謹照原文，「授子」改「授余」。

寡　《論語》：「夫人自稱曰寡小君。」〔四〕　謹照原文，改「稱諸異邦曰寡小君」。

實　《爾雅・釋草》：「果蠃之屮，其實多括樓，實即子也。」　謹照原文，省「屮其多」三字，「括樓」下增「邢昺疏」。

《禮・月令》：「季春爲民祈麥實。」　謹照原文，改「乃爲麥祈實」。

《左傳・襄二十四年》：「齊侯祭社，蒐軍實。」註：「謂兵甲器械也。」　謹按：《左傳》無「侯祭」二字，註內亦無「兵甲」之文。謹照原文，改：「齊社蒐軍實。」杜註：『祭社因閱數軍器。』」

十二畫

《儀禮・特牲饋食》：「實籩豆。」　謹照原文，「籩豆」改「豆籩」。

寪

《左傳・隱十一年》：「公館于寪氏。」　謹照原文，省「公」字。

寮

《爾雅・釋言》註：「同官爲寮。」　謹照原書，「《釋言》」改「《釋詁》」。

十七畫

寶

《書・旅獒》：「分寶玉于叔伯之國。」　謹照原文，「叔伯」改「伯叔」。

《禮・聘義》：「圭、璋、璧、琮，凡此四器者，唯其所寶以聘可也。」　謹按：《禮記・聘義》無此文。查係見《儀禮・聘禮記》中。謹據改爲：「《聘禮》：『凡四器者，唯其所寶以聘可也。』註：『謂圭、璋、璧、琮。』」

寸部

三畫

寺

《周禮・天官・寺人》：「掌王之內人。」註：「寺之言侍也，取親近侍御之義。」謹按：此所引文義未全，謹照原文增改爲：「掌王之內人及女宮之戒令。鄭註：『寺之言侍也。』」

六畫

封

《禮・王制》：「五十里爲封。」謹按：《王制》無此文，查係《大戴禮・王言篇》，謹據改爲：「《大戴禮》：『五十里而封。』」

七畫

射

《禮・射義》：「射之爲言繹也，各繹己之志也。故射者心平體正，持弓矢審固。持弓矢審固，然後中。」　謹照原文，改〔爲〕：「繹者各繹己之志也，故心平體正，持弓矢審固則中矣。」

八畫

專

《左傳·昭三年》：「是四國者專足畏也，況加之以楚。」　謹按：「況加之以楚」文義未了，年分亦誤，謹改：「《昭十二年》：『子革對曰：是四國者，專足畏也。』」

九畫

尊

《禮·表記》：「使民有父之尊，有母之親，然後可以爲民父母。」　謹照原文，「然後」改「而後」。

《周禮·春官·司尊彝》：「掌六彝六尊之位。」　謹照原文，改「六尊六彝」。

十一畫

對

《禮·曲禮》：「侍於先生。先生問焉，終則對。」　謹照原文，「侍」下增「坐」字。

尢部

四畫

尨

《左傳·僖四年》：「狐裘尨茸。」謹照原文，「四年」改「五年」。

九畫

就

《齊語》：「先王之處士也，使就燕閒。」謹照原文，「先王」改「聖王」，「燕閒」改「閒燕」。

《禮·檀弓》：「先王之制禮也，過者使俯而就之。」謹照原文，改「過之者俯而就之」。

《左傳·哀十一年》：「清之戰。」謹照原文，改「郊之戰」。

尸部

尸

《禮·表記》：「事君近而不諫，則是尸利也。」　謹照原文，省「是」字。

一畫

尺

《説文》：「周制，寸、尺、咫、尋、常諸度量，皆以人體爲法。」　謹照原文，「常」字下增「仞」字。

《周禮·地官》：「置丈尺於絹布之市。」　謹照原文，「《地官》」改爲「《司市》疏」，「市」改「肆」。

四畫

尾

《爾雅·釋水》：「瀵，大出尾。」　謹照原文，「尾」下增「下」字。

五畫

居

《禮·曾子問》：「居，吾語女。」　謹按：《曾子問》無此語，查係《論語》文，據改爲「《論語·陽貨》」。

《前漢·食貨志》：「富商轉轂百數，廢居居邑。」徐廣註：「廢居，貯蓄之名。」　謹按：徐廣註見《史記》，不在《食貨志》。　謹改「《前漢·食貨志》」爲「《史記·平準書》」。

六畫

屋

《史記·項羽本紀》：「項羽圍漢王滎陽，紀信誑楚，乘黄屋車，傅左纛」。　謹照原文，「傅」改「傅」。

《禮·雜記》：「諸侯素錦以爲屋，士輤葦以爲屋。」　謹照原文，「葦」下增「席」字。

七畫

屑

《周禮·天官》：「大齋供食玉。」鄭註：「王齋當食玉屑。」　謹照原文，「大」改「王」，二「齋」字皆改「齊」，「供」改「共」。

《禮·内則》：「屑薑與桂。」　謹照原文，改「屑桂與薑」。

展
《書·旅獒》：「分寶玉于叔伯之國。」　謹照原文，「叔伯」改「伯叔」。
《周禮·春官·大宗伯》：「大祭祀展犧牲。」　謹照原文，「《大宗伯》」改「《肆師》」。

八畫

屏
《禮·曲禮》：「侍於君子。」　謹照原文，「侍」下增「坐」字。

屠
《周禮·地官》：「凡屠者，斂其皮角筋，入于王府。」　謹照原文，「《地官》」改「《廛人》」，「筋」下增「骨」字，「入于王府」改「入于玉府」。
《史記·信陵君傳》：「臣乃市井之人，鼓刀以屠。」　謹照原文，「市井」下改「鼓刀屠者」。

十四畫

屨
《儀禮·士冠禮》：「夏葛屨，冬皮屨。」　謹按：《士冠禮》無此文，查係《士喪禮》，云：「夏葛屨，冬白屨。」謹將「冠」改「喪」，「皮」改「白」。

十八畫

屬

《周禮·地官》：「月吉，則屬其州之民讀邦灋。」註：「屬猶合聚也。」　謹照原文，改爲「州長正月之吉，各屬其州之民而讀灋。註：『屬，聚也。』」

《左傳·昭二十九年》：「願以小人之腹，爲君子之心，屬厭而已。」　謹照原文，「二十九年」改「二十八年」。

《爾雅·釋親》鄭箋：「屬者，昭穆相次序也。」　謹按：所引在《小雅·常棣》箋，不在《爾雅》，謹改爲「《小雅·常棣》鄭箋」。

《禮·王制》：「千里之外設方伯，王國以爲屬。」　謹照原文，「王國」改「五國」。

《〈字典·寅集·中〉考證》目録

《字典·寅集·中》考證

山部

山

《爾雅·釋山》：「河南華，河西嶽，河東岱，河北恒，江南衡。是爲五嶽。」鄭註：「鎮名山，安地德者也。」謹按：「是爲五嶽」，非《爾雅》原文。「鎮名山，安地德者也」，是《周禮》註，非《爾雅》註。謹將「是爲五嶽」改作「《周禮》謂之鎮」，以起註文。

六畫

峓

《書·堯典》：「嵎夷出日。」謹照原文，改「宅嵎夷」。

峗

《書·禹貢》：「三危厎績。」謹照原文，「厎績」改「既宅」。

峉

《管子·輕重戊篇》：「虙戲造六峉行以迎陰陽。」　謹照原文，「造」字上增「作」字，「峉」字下省「行」字。

七畫

峔

《正字通》：「一説蜀山無峔名，西南夷部有丹駹，今四川之松潘地也。漢武帝開丹駹，爲汶山郡。」　謹按：《史記》《漢書》，「丹」俱作「冉」，據改作「冉」。

島

《説文》：「海中有山可依止，曰島。島，到也，人所奔到也。从山，鳥省聲。」《書·禹貢》：「島夷卉服。」註：「海曲曰島。卉，草也，木棉之屬。以卉服來貢也。」　謹按：所引多與原文不符，謹照各書原文，改作「《説文》：『海中往往有山可依止，曰島。从山，鳥聲。』《釋名》：『島，到也，人所奔到也。』《書·禹貢》：『島夷皮服。』孔傳：『海曲謂之島。居島之夷，還服其皮。』」

木華《海賦》：「崇島巨鼇。」　謹按：鼇从黽，不从魚。照《海賦》原文改「鼇」。

峻

揚雄《甘泉賦》：「峻嵲嵬乎其相嬰。」謹照原文，「嵲」改「嵲」，「嵬」改「隗」。

八畫

崇

《易・繫辭》：「崇高莫大於富貴。」謹照原文，「於」改「乎」。

崣

司馬相如《子虛賦》：「摧崣崛起。」謹照原文，「《子虛賦》」改「《上林賦》」。

崤

《公羊傳・僖三十三年》：「崤之嶔巖，文王所避風雨處。」謹照原文，「處」改「也」。

《左傳・僖三十三年》：「晉人及羌戎敗秦師于殽。」謹照原書，「《左傳》」改「《春秋》」，「羌」改「姜」。

十二畫

嶔

《穀梁傳・僖三十三年》：「巖唫之下。」註：「唫音欽。」謹照原文，「註唫」二字改「釋文」。

嶙　顔師古曰："節級貌。"揚雄《甘泉賦》："岭巆嶙峋。"　謹照《漢書》原文，改爲"《前漢·揚雄傳》：『岭巆嶙峋。』顔師古曰：『節級貌。』"

隓　《説文》："山小而鋭。"　謹照原文，改"山之墮墮者。"

嶠　《爾雅·釋山》："山鋭而高曰嶠。"　謹照原文，省"曰"字。又，陵絶水曰嶠。　謹按：《爾雅》無此文，照《集韻》原文，改作"《集韻》：『一曰石絶水。』"

崴　《禮·明堂位》："夏后氏用崴。"　謹照原文，"用"改"以"。

十三畫

𡾰　《玉篇》："古胡切，音吾。"　謹按："古胡切"當音"姑"，不當音"吾"，"吾"改"姑"。

嵑

張衡《南都賦》：「其山則崆峴嶱嵑。」又按：《玉篇》「嶱」同「嵑」，而揚《賦》「嶱」，「嵑」字連用，又似非同音者。謹按：前註所引，是張衡《南都賦》。此處揚《賦》應作張《賦》，「揚」改「張」。

十四畫

嶷

《説文》：「九嶷，山名，在零陵營道縣北，舜陵在焉。」謹照原文，改：「九嶷山，舜所葬，在零陵營道。從山，疑聲。」

嶽

《爾雅·釋山》：「河南華，河西嵩。」謹照原文，「嵩」改「嶽」。

十八畫

巏

《集韻》：「連元切。」《類篇》：「逵員切。」𡚁音權。謹照《集韻》《類篇》原文，改爲：「《集韻》《類篇》𡚁逵員切，音權。」

《顔氏家訓》：「柏人城東北有山，或呼虛無山，莫知所出。讀《城西碑銘》云：『上有巏務山，王喬所仙。』」　謹照原文，「虛無」改作「爲宣務」三字，「城西」下增「門內」二字，「上」字改作「土」字。

十九畫

𡾰

《說文》：「危高也。」　謹照原文，「危」改「巍」。

二十畫

巖

《公羊傳・僖三十二年》：「殽之嶔巖，文王所避風雨處。」　謹照原文，「三十二年」改「三十三年」，「處」改「也」。

二十一畫

𡿂

《爾雅・釋獸》：「騉蹄趼，善陞甗。」　謹照原書，「《釋獸》」改「《釋畜》」。

巛部

川

《周禮・冬官・考工記》：「凡天下之地勢。」 謹照原文，「勢」改「埶」。

三畫

州

《左傳・昭二年》：「鄭伯如晉，公孫段相。」 謹照原文，「二年」改「三年」。

《襄二十二年》：「州綽出奔齊。」 謹照原文，「二十二年」改「二十一年」。

工部

工

《周禮・冬官・考工記》：「審曲面勢。」 謹照原文，「勢」改「埶」。

二畫

左

《禮·王制》：「男子由右，女子由左。」　謹照原文，「女子」改「婦人」。

《禮·檀弓》：「孔子與門人拱立而尚右。」　謹照原文，「拱」改「立」，「立」改「拱」。

七畫

差

《禮·喪大記》：「御者差沐于堂上。」註：「差，淅也。淅飯米取其瀋爲沐也。」　謹照原文，「瀋」改「潘」。

屈原《離騷》：「湯禹儼而祇敬兮，同論道而莫差。」　謹照原文，「同」改「周」。

巾部

二畫

市

《周禮·地官》：「大市日昃而市，百姓爲主。」　謹照原文，「姓」改「族」。

布

《前漢·蕭望之傳》：「金布令甲。」註：「師古曰：『今布者，令篇名也。』」　謹照原文，「今布」改「《金布》」。

《史記·司馬相如〈子虛賦〉》：「專結縷。」　謹照原文，「《子虛賦》」改「《上林賦》」。

三畫

帊

《玉篇》：「繪頭也。」　謹照原文，「繪」改「繒」。

五畫

帑

《左傳·文十三年》：「秦人送其帑。」　謹照原文，「送」改「歸」。

帣

《急就篇》：「服瑣緰帣與繪連。」註：「言其質精好，與繪相連次。」　謹照原文，兩「繪」字幷改「繒」。

帗

揚子《方言》：「帗縷，毳也。荆揚江湖之間曰揄鋪。」　謹照原文，「鋪」改「鋪」。

帚

《爾雅·釋草》：「茾，馬帚。」　謹照原文，「茾」改「荓」。

帛

《爾雅·釋草》：「帛似帛，華山有之。」疏：「華山有草，葉似帛者，因名帛草。」　謹照原文，「因名帛草」改「因以名云」。

六畫

帝

《書·堯典》傳：「昔在帝堯，聰明文思，光宅天下。」　謹按：此係《書·序》文，「傳」改「序」。

《周禮·春官·小宗伯》註：「黑帝曰叶光紀。」　謹照原文，「叶」改「汁」。

帟

《周禮·天官·幕人》註：「帟，主在幕，若握中坐上承塵也。」　謹照原文，「握」改「幄」。

又：「朝日，祀上帝，則張大次、小次，設重帟。」　謹按：「朝日祀上帝」，乃《掌次》文，非《幕人職》也。謹照原文，「又」字改「掌次」二字，「上帝」改「五帝」。

帥

揚雄《甘泉賦》：「帥尒陰閉，霅然陽闓。」　謹照原文，「闓」改「開」。

七畫

帨

《儀禮・士昏禮》：「毋施衿結帨。」　謹照原文，「毋」改「母」。

師

《釋名》「人也」註：「謂人衆爲師。」　謹照原書，「《釋名》」改「《釋言》」。下改「郭註：『謂人衆也。』」

《公羊傳・桓九年》：「京師者，衆大也。」　謹照原文，「衆大」改「大衆」。

《書・大禹謨》：「百僚師師。」　謹照原書，「《大禹謨》」改「《臯陶謨》」。

《書・益稷》：「州有十二師。」　謹照原文，「有十」改「十有」。

《周禮・春官》：「以槱燎祭風師、雨師。」　謹照原文，「祭」改「祀」。

揚雄《甘泉賦》：「枝鶻露寒，棠黎師得。」　謹按：此非《甘泉賦》中語，改《前漢・揚雄傳》。

八畫

帳　《爾雅・釋器》：「幬謂之帳。」　謹照原書，「《釋器》」改「《釋訓》」。

帶　《易・訟卦》：「或錫之鞶帶。」疏：「鞶革，大帶也。」　謹照原文，「革」改「帶」。

《楚辭・九歌》：「荷衣分蕙帶，儵而來兮忽而逝。」　謹照原文，「分」改「兮」，「儵」改「倏」。

常　《周禮・春官・司常》：「掌九旂之物名。〔五〕日月爲常。」又，「王建太常。」　謹照原文，「旂」改「旗」，「太」改「大」。

九畫

幅　《禮・内則》：「偪屨著綦。」註：「鄭云：『以幅帛邪纏於足，所以自偪束。偪，即縢約也。』」　謹按：《内則》無此註，查係《小雅》疏，而又非原文，謹移於上文《小雅》傳「所以自偪束也」下，照原文改爲：「正義：『邪纏於足謂之邪偪，名曰偪者，所以自偪束也。』」

十一畫

幕

《左傳·成十六年》：「楚子登巢車以望晉軍，伯州犂侍於王後，張幕矣。」 謹照原文，「張」字上增「王曰」二字。

十二畫

幣

《周禮·天官·太宰》註：「幣帛，所以贈答賓客者。」 謹照原文，「答」改「勞」。

十三畫

幨

《周禮·春官》註：「容爲幨車。」 謹照原文，「爲」改「謂」。

《管子·侯度篇》：「列大夫豹幨。」 謹照原文，「侯」改「揆」。

幩

《詩·衛風》：「朱幩鑣鑣。」傳：「幩，飾也。人君以朱纏，且以爲飾。」釋文：「馬銜外鐵也。一名扇汗，又曰排沫。」 謹按：「馬銜」以下，乃「鑣」字註，非「幩」字註也。謹改爲：「毛傳：『幩，飾也。人君以朱纏鑣扇汗，且以爲飾。』正義：『朱爲飾之物，故幩爲飾。』」

十四畫

幬

《爾雅·釋器》：「幬謂之帳。」 謹照原書，「《釋器》」改「《釋訓》」。

十八畫

幭

《集韻》：「木張帆也。」 謹照原文，「木」改「未」。

《〈字典·寅集·下〉考證》目録

《字典·寅集·下》考證

干部

干

《韻會》：「闌板閒曰闌干。」　謹照原文，「板」改「楯」。

三畫

年

又叶禰因切，音民。〔六〕　謹按：「禰因切」非「民」字之音，謹照音義，「民」改「紉」。

五畫

幷

《書·舜典》：「肇有十二州。」　謹照原文，「有十」改「十有」。

幺部

六畫

幽

《禮・檀弓》：「望及諸幽，求諸鬼神之道也。」　謹照原文，「及」改「反」。

广部

六畫

庢

《寰宇記》：「山曲曰盩，水曲曰庢。」　謹照原文，「盩」改「盩」。

庥

《爾雅・釋言》：「庥、庇，蔭也。」　謹照原文，「庥庇」改「庇庥」。

度

《前漢·律曆志》：「度者，分、寸、丈、尺、引也。」　謹照原文，「丈尺」改「尺丈」。

《前漢·西域傳》：「縣度者，石也。」　謹照原文，改：「縣度，石山也。」

七畫

庭

《周禮·秋官·庭氏》註：「主射天鳥，令國中清潔如庭者也。」　謹照原文，「天」改「夭」。

韓愈《此日足可惜詩》：「馳辭對我策，章句何煌煌！」〔七〕　謹照原詩，「煌煌」改「煒煌」。

八畫

康

《前漢·西域傳》：「康居國東與烏戈山離，西與條支接。」　謹照原文，改爲：「安息國王治番兜城，北與康居接。」

賈誼《懷沙賦》　謹照原文，「《懷沙賦》」改「《弔屈原賦》」。

庸

又與鄘通。《前漢·地理志》:「遷邶、鄘之名於雒邑,故邶、鄘、衛三國之詩相與同風。」　謹照原文,兩「鄘」字㳄改「庸」,「名」改「民」。

《前漢·欒布傳》:「窮困賣庸與齊。」　謹照原文,「與」改「於」。

九畫

庾

《周禮·冬官·考工記·弓人》:「往體多,來體寡,謂之夾臾之屬。」註:「臾音庾,字文作庾。夾庾之弓,合五而成規。」　謹照原文,將「註」字以下改爲「釋文音庾,註作庾,云夾庾之弓,合五而成規。」

十畫

廈

《玉篇》:「門之廡也。」　謹照原文,改「今之門廡也」。

十一畫

廏

《左傳·襄十五年》:「養由基爲官廏。」　謹照原文,「官」改「宮」,「廏」下增「尹」字。

廓

《荀子・狹隘篇》：「褊小則廓之以廣大。」　謹照原文，改：「《荀子》：『狹隘褊小，則廓之以廣大。』」

十二畫

廡

《士喪禮》：「甒醴在服。」　謹按：此出《士冠禮》，原文「側尊一甒」爲句，「醴」爲句，「在服北」爲句，非以「甒禮在服」爲句也。謹照原文，改：「《士冠禮》：『側尊一甒。』」

廢

《説文》：「屋傾也。」　謹照原文，「傾」改「頓」。

《周禮・冬官・考工記・梓人》：「必撥而怒。」　謹按：原文文義「必」字可省，「爾」字不可省。謹改「撥爾而怒」。

十三畫

廩

《荀子・富國篇》：「桓窌倉廩者，財之末也。」　謹照原文，「桓」改「垣」。

十六畫

廬

《前漢・金日磾傳》：「小疾臥廬。」註：「殿中所正曰廬。」　謹據原書，「所正」改「所止」。

廾部

六畫

弇

《周禮・春官》：「侈聲窄，弇聲鬱。」　謹照原文，「窄」改「筰」。

《穆天子傳》註：「弇日之所。」　謹照原文，「日之所」改「日所入」。

弋部

六畫

𢎺　《玉篇》：「船左右大木。」《廣韻》：「船纜所繫。」《韻會》：「繫船杙也。」　謹照原文，三「船」字俱改「船」。

十畫

𢎾　《前漢·地理志》「牂柯郡」註：「師古曰：『牂柯，繫船杙也。』」　謹照原文，「船」改「船」。

弓部

二畫

弗

司馬相如《子虛賦》：「滭弗宓泊。」謹照原文，「泊」改「汨」。

三畫

弟

《集韻》：「徒回切，音頹。弟靡，困窮貌。」謹照原文，「困」改「不」。

五畫

弢

《莊子·徐無鬼》：「從説之，則以《金版》《六弢》。」註：「司馬、雀云：『《金版》《六弢》，皆《周書》篇名。』或云祕截也。」謹照原文，「註」改「釋文」，「雀」改「崔」，「截」改「識」。

弧

《史記・天官書》：「狼下四星曰弧。」註：「弧九星在狼東北，天之弓也。」　謹照《史記》註原文，「東北」改「東南」。

六畫

弭

《後漢・東夷傳》：「辰韓國，名馬爲弧。」　謹照原文，「馬」改「弓」。

釋文：「弓又謂之弭。」　謹照原文，「又」改「末」。

八畫

強

《周禮・地官》：「止其行而強之道藝。」　謹照原文，「止」改「正」。

九畫

弼

《前漢・刑法志》：「君臣故弼茲謂悖。」　謹按：　所引係《五行志》文，非《刑法志》文，據改「《五行志》」。

彐部

十五畫

彝

《爾雅·釋器》：「彝也，罍器也。」謹照原文，「罍」改「罍」。

彡部

九畫

彭

《釋名》：「彭排，車器也。」謹按：《急就篇補註》引《釋名》，「車」作「軍」，據改。

彳部

六畫

待 《荀子·成相篇》：「治之志，後世富，君子誠之好以待。」 謹照原文，「世」改「埶」。

律 《左傳·桓二年》：「百官於是乎畏懼，而不敢犯紀律。」 謹照原文，「畏」改「戒」，「犯」改「易」。

《禮·王制》：「有功德於民者，加地進律。」疏：「律即上宮九命。」 謹照原文，「宮」改「公」。

八畫

從 《詩·齊風》：「從衡其畝。」〔八〕 謹照原文，「從衡」改「衡從」。

御

《詩・邶風》：「我有旨畜。」〔九〕　謹照原文，「畜」改「蓄」。

十畫

微

《書・舜典》：「虞舜側微。」　謹按：《舜典》無此文，係出《書・序》，謹將「《書・舜典》」改爲「《尚書・序》」。

十二畫

德

《書・大禹謨》：「九德，寬而栗。」　謹照原書，改「《皋陶謨》」。

十四畫

徽

揚雄《校獵賦》　謹照原書，改「《羽獵賦》」。

【校注】

〔一〕見《廣雅・釋詁二》。

〔二〕「又通軌」，「軌」當作「軌」。「軌」是借字，「宄」是本字。借「軌」作「宄」，可以説「宄通作軌」，不能説成「通軌」。

〔三〕原文應是：「以土宜之法，辨十有二土之名物，以相民宅，而知其利害，以阜人民。」

〔四〕見《論語·季氏》。

〔五〕上下句間脱「各有屬以待國事」一句。

〔六〕禰，《廣韻》：「奴禮切。」屬泥母。紉，《廣韵》：「女鄰切。」女，《廣韻》：「尼吕切。」

〔七〕韓詩標題是《此日足可惜一首贈張籍》。

〔八〕見《齊風·南山》。

〔九〕見《邶風·谷風》。

卯集

《〈字典·卯集·上〉考證》目録

《字典·卯集·上》考證

心部

四畫

忠

《周禮·地官》：「一曰六德：智、仁、聖、義、忠、和。」鄭疏：「中心曰忠。」 謹按：《疏》非鄭氏所作，謹照原書，「《地官》」改「《大司徒》」，省「鄭」字。

忿

《大學》：「身有所忿懥，則不得其正。」註：「忿，弗粉反。」 謹照原書，「註」改「釋文」。

五畫

怠　又通作殆。《左傳・昭五年》：「滋敝邑休怠。」　謹照《韻會》所引《左傳》，「怠」改「殆」。

《莊子・山木篇》：「東海有鳥焉，其名曰意怠。」　謹照原文，省「其」字。

《荀子・堯問篇》：「埶無失，行微無怠，忠信無倦，而天下自來。」　謹按：「埶」乃「執一」二字之譌。謹照原文，「埶無失」改爲「執一無失」。

性　《周禮・地官・大司徒》：「以土會之法，辨五地之物生。」杜子春讀「生」爲「性」。釋文「性」亦訓「生」。　謹照《周禮》原本，「釋文」改「賈《疏》」。

六畫

恤　又相愛曰恤。《周禮・地官》：「八刑，六曰不恤之刑。」鄭司農註：「恤謂相愛也。」　謹照《周禮》註，原文兩「愛」字俱改「憂」。

恭　《禮・曲禮》：「君子恭敬撙節退讓以明禮。」註：「在貌爲恭，在心爲敬。」　謹照原書，「註」改「疏」。

息　《論語》：「温良恭儉讓。」〔一〕註：「和從不逆謂之恭。」　謹照原書，「註」改「疏」。

《禮・檀弓》：「小人之愛人也，以姑息。」　謹照原文，「小人」改「細人」。

七畫

悌　《集韻》：「又有特入切。」　謹按：《集韻》「悌」字無「特入切」之音，惟有「待亦切」。謹照原文，「特入切」改「待亦切」。

悖　《周語》：「是以行事而不悖。」　謹照原文，「行事」改「事行」。

悛　《左傳・定三年》：「外内以悛。」　謹照原文，「《定三年》」改「《哀三年》」。

悠

《詩・大雅》：「悠悠南行。」〔二〕　謹照原書，「《大雅》」改「《小雅》」。

八畫

惕

《爾雅・釋訓》：「惕惕，愛也。」引《詩・陳風》：「心焉惕惕。」《韓詩》以爲悦人，故言愛也。　謹按：此註文誤爲經文，謹將「引《詩・陳風》四字，改「郭註：《詩》云」。

九畫

惸

《周禮・秋官・大司寇》「凡遠近惸獨老幼之欲」註　謹按：所引經句未全。謹照原文，「之欲」下增「有復於上」四字，「註」上增「鄭」字，省下「無子孫曰獨」五字。

愉

《周禮・地官・大司徒》：「以俗教民，則民不愉。」　謹照原文，「教民」改「教安」。

愒

《公羊傳》：「不及時而曰愒葬也。」註：「急也。」或作「渴」，又作「愒」。　謹按：今本《公羊傳》作「渴」，惟《廣韻》引《公羊》作「愒」。　謹改爲：「《廣韻》引《公羊傳》『不及時而葬曰愒』。愒，急也。今本作『渴』。」

十畫

慤 又通作「㱿」。《周禮·秋官·大司寇》註：「愿㱿慎也。亦作慤。」 謹按：《周禮》註，「慤」不作「㱿」，惟《檀弓》釋文「慤」字有作「㱿」者。謹將「通作㱿」之「㱿」改「㱿」。《周禮》以下十五字，改「《檀弓》『㱿已慤』。陸德明釋文：『慤，本又作㱿。』」

張衡《東京賦》：「民去末而反本，感懷忠而抱慤。」 謹照原文，「感懷」改「咸懷」。

愷 《周禮·秋官·大司馬》：「愷樂獻於社。」 謹照原文，「《秋官》」改「《夏官》」。

十一畫

慝 《周禮·秋官·司寇》：「詰姦慝。」 謹按：《秋官》無「詰姦慝」之文。查係《書·周官》，謹將「《周禮·秋官》」改「《書·周官篇》」。

慢 《大學》：「舉而不能先，命也。」鄭氏云：「命當作慢。」 謹照原文，「當作」改「讀爲」。

慨

《禮·檀弓》：「既葬，慨然如不及。」　謹照原文，「慨然」改「慨焉」。

慮

《大學》：「安而後能慮。」朱註：「處事精詳也。」　謹照原文，改爲「謂處事精詳」。

慰

《詩·衛風》：「莫慰母心。」　謹照原書，「《衛風》」改「《邶風》」。

懘

司馬相如《上林賦》：「曾不蔕芥。」　謹照原書，「《上林賦》」改「《子虛賦》」。

十二畫

憏

音傺。侘憏，未定也。　謹按：　此字右旁从祭，係十一畫，謹改歸十一畫内。

憋

《玉篇》：「敝怳，驚貌。」　謹照原文，「敝怳」改「憋怳」。

十六畫

懷

《楚辭・九歌》：「長太息兮將上，心低回兮顧懷。羌(生)〔聲〕色以娛人，觀者憺以忘歸。」〔三〕　謹照原文，兩「以」字𠀤改爲「兮」字。

《淮南子・五位篇》：「平而不阿，明而不苛，包裹覆露，無不囊懷。」　謹照原書，「《五位篇》」改爲「《時則訓》」。

《〈字典·卯集·中〉考證》目録

《字典·卯集·中》考證

戈部

三畫

成

《周禮·天官·太宰職》「有官成」註：「官成者，謂官府之有成事品式也。」謹照原文，改爲「八灋，五曰官成。註：『官成謂官府之成事品式也。』」

戒

《易·繫辭》：「聖人以此齋戒。」謹照原文，「齋」改爲「齊」。

《司馬法》：「鼓夜半三通，號爲發戒。」謹照原文，「發戒」改「晨戒」。

四畫

戔

《周禮・冬官・鮑人》："自急者先裂，則是以博爲帴。" 謹照原文，"帴"改"帴"。

七畫

戚

《釋名》："戚，蹙也。斧以斬斷，見者蹙懼也。" 謹照《釋名・釋兵》原文，兩"蹙"字均改"慼"。

戛

張衡《東京賦》："立戈迆戟。" 謹照原文，"戟"改"戛"。

八畫

戟

比禮爲甲。 謹照揚子原文(四)，"比禮"改"比札"。

户部

一畫

戺

王逸《九思》：「悼屈子兮遭戺，沈玉躬兮湘汨。何楚國兮難化，迄如今兮不易。」 謹照原文，「如今」改「于今」。

三畫

戺

堂簾以戺。 謹照《書》孔傳，「堂簾」改「堂廉」。

四畫

房

《爾雅·釋天》：「房，天駟也。」 謹照原文，改「天駟，房也」。

五畫

扁

《前漢・東夷傳》：「三韓生兒，欲其頭匾，壓之以石。」　謹照原書，「《前漢》」改「《後漢》」，「三韓」改「辰韓」，「匾」改「扁」，「壓」改「押」。

六畫

扆

《禮・明堂位》：「天子斧扆南鄉而立。」註：「扆，狀如屏風。」　謹照原文，「斧扆」上增「負」字。又按：「扆狀如屏風」乃《曲禮》疏，非《明堂位》註，改「《曲禮》疏」。

手部

三畫

扡

按：《詩・小雅》箋註：「敕氏反。」　謹照原書，「箋註」改「釋文」。

四畫

扶　《公羊傳・僖三十一年》：「觸石而出，扶寸而合。」註：「側手曰扶，按指曰寸。」通作膚。　謹照原文，兩「扶」字幷改「膚」，以「通作膚」三字移於《公羊傳》之上。

抎　《戰國策》：「寡人愚陋，守齊國，惟恐夫抎之。」〔五〕　謹照原文，「夫」改「失」。

折　《禮・祭法》：「瘞埋於泰折，祭地也。」註：「折，昭，晢也。」　謹照原文，「晳」改「晢」。

五畫

拌　《博雅》：「捐，棄也。」　謹照原文，「捐」改「拌」。

㧘　《説文》：「積也。《詩曰》：『助我舉㧘。』〔六〕械頰旁也。」　謹照原文，「械」改「搣」。

拖　司馬相如《子虛賦》：「宛虹拖於楯軒。」　謹照原文，「《子虛賦》」改「《上林賦》」。

六畫

指 《定十四年》：「闔廬傷將指。」 謹照原文，「闔廬」上增「以戈擊」三字。

挈 《禮・王制》：「班白不提挈。」 謹照原文，「班白」改「斑白者」。

挎 《儀禮・鄉飲酒禮》：「左荷瑟。」 謹照原文，「荷」改「何」。

七畫

挼 《古虞禮》曰：「祝命佐食墮祭。」 謹照《儀禮・特牲饋食》註文，「《古虞禮》」改「《士虞禮》」。

捌 《淮南子・說林訓》：「解梓者，不在於捌格。」 謹照原文，「梓」改「捽」。

八畫

排　又彭排。《釋名》：「軍器也。彭，旁也，在旁排敵禦攻也。」謹按：「軍器也」非《釋名》原文，謹改爲「又彭排，軍器也。《釋名》：『彭，旁也，在旁排敵禦攻也。』」《後漢·杜詩傳》註：「冶者爲排以吹炭，今激水鼓之。」謹照原文，「今」改「令」。

掩　《爾雅·釋訓》郭璞註：「撫掩猶撫揗，謂慰恤也。」謹照原文，「撫揗」改「撫拍」。

掫　《左傳·襄二十五年》：「陪臣干掫有淫者。」註：「干音扞。」謹照原書，「註」改「釋文」。

九畫

提　《史記·絳侯世家》：「太后以冒絮提文帝。」註：「徐廣、服虔提音弟。」謹照原文，將「註徐廣」三字改爲「索隱」。

揖

《史記·秦始皇紀》：「普天之下，博心揖志。」　謹照原文，「博心」改「摶心」。

捘

《書·禹貢》：「析支、昆侖、渠捘。」　謹照原文，改「崑崙、析支、渠捘。」

換

左思《魏都賦》：「雲散叛換。」註：「換猶恣睢也。」　謹照原文，「註」下增「叛」字。

揜

又揜然，疾歸貌。司馬相如《子虛賦》：「揜乎反鄉。」　謹按：「揜」字《文選》作「晻」，《史記》作「闇」，惟《漢書·司馬相如傳》作「揜」。「揜然，疾歸貌」，亦惟《漢書》註有之。今據改「司馬相如《子虛賦》」爲「《漢書·司馬相如傳》」。

揩

《博雅》：「摩拭也。」　謹照原文，「摩拭也」改「磨也」。

揭

司馬相如《子虛賦》：「涉冰揭河。」　謹照原書，「《子虛賦》」改「《上林賦》」。

十一畫

摟

《説文》：「曳聚也。又牽也，擸取也。」《孟子》：「五伯者，摟諸侯以伐諸侯者也。」又揚子《方言》：「褏持謂之摟。」《孟子》：「踰東家牆而摟其處子。」〔七〕　謹按：「褏持謂之摟」，揚子《方言》無此語。又《孟子》兩「摟」字，趙註俱訓爲「牽」。謹將「又牽也」至「摟其處子」改爲：「《爾雅》『摟，聚也』。註：『猶今言拘摟聚也，又牽也。』《孟子》：『踰東家牆而摟其處子。』又：『五霸者，摟諸侯以伐諸侯者也。』」

摦

《左傳·昭二十一年》：「小者不窕，大者不摦，則加於物，今鐘摦矣。」　謹照原文，「加於物」改「和於物」。

摩

又揣摩也。《管子·輕重篇》：「摩之符也內，內符者，揣之主也。」《鬼谷子·摩篇》：「抱薪趨火，燥者先然。」　謹按：「摩之符也內」三句，出《鬼谷子》，不出《管子》。謹將《管子》以下三十字，改爲：「《鬼谷子》：『摩之符也內，內符者，揣之主也。抱薪趨火，燥者先然；平地注水，濕者先濡。』」〔八〕

摯

《公羊傳·宣二年》：「膳宰熊蹯不孰。」　謹照原文，「二年」改「六年」。

十二畫

憪

《爾雅》：「瑟兮僩兮。」註：「僩或作憪。」　謹照原書，「註」改「釋文」。

撓

《前漢·劉向傳》：「守正不撓。」　謹按原文「獨處守正」爲句，「不撓衆枉」爲句。謹據改爲「不撓衆枉」。

撙

揚子《甘泉賦》：「齊總總撙撙，其相膠葛兮。」　謹照原文，「總總」下增「以」字。

撟

《前漢·武帝紀》：「百姓所安，殊路而撟虔。」　謹按原文，「撟虔」二字屬下爲句，不屬上。謹改爲：「撟虔吏乘埶以侵蒸庶。」〔九〕

撥

《詩·大雅》：「枝葉未有害，本實先撥。」〔一〇〕疏：「撥者，撥去之，去其餘根，故猶絶也。」　謹按：「故猶絶也」四字，是釋箋之詞，當先箋後疏。謹改爲：「箋：『撥猶絶也。』疏：『撥去餘根，故猶絶也。』」

播

《書・泰誓》：「播棄黎老。」　謹照原文，「黎老」改爲「犂老」。

《説文》：「《書・舜典》：『播時百穀。』註：『播音波左切。』」　謹按：《説文》「播」字註，無引「播時百穀」之文，「波左切」亦非註文。謹據釋文，改爲：「《書・舜典》『播時百穀』。釋文：『播，波左反。』」

十四畫

擫

王褒《洞簫賦》：「挹抐擫擟，順敘卑迖。」　謹按：所引文義不連，謹照原賦，改「膠緻理比，挹抐擫擟」。

十五畫

擾

《左傳・昭二十九年》：「董父實甚好龍，乃擾畜龍。」註：「順龍所欲而畜養之。」　謹照原書，「註」改「疏」。

二十一畫

𢺶

《荀子·賦論篇》：「𢺶𢺶兮其狀，屢化如神。」又《荀子·賦論篇》：「𢺶兮其相逐而反也。」　謹照原書，兩「《賦論篇》」竝省「論」字。

《〈字典·卯集·下〉考證》目録

《字典·卯集·下》考證

支部

支

《左傳》：「天之所支，不可壞也。」 謹照原文，改爲：「天之所壞，不可支也。」

攴部

三畫

攸

《左傳·昭十三年》：「湫乎攸乎。」 謹照原文，「十三年」改「十二年」。

攻

《博雅》：「攻，鞏也。」 謹照原文，「鞏」改「鞏」。

四畫

放

《前漢・禮樂志》：「神裴回若留放，殣冀親與肆章。」 謹照原文，「與」改「以」。

五畫

㪅

《禮・月令》：「易皮幣。」註：「易猶更也。」 謹照原文，「易皮幣」改「更皮幣」；「易猶更也」改「更猶易也」。

張衡《西都賦》 謹按：《西都賦》，班固所作。謹照原書，「張衡」改「班固」。

七畫

敹

《左傳・昭十二年》 謹照原文，「二」改「三」。

八畫

敦 《周禮・天官・王府》 謹照原文，「王府」改「玉府」。

十一畫

斁 《說文》作「斁，揮也」。 謹照原文，「揮」作「擇」。

十三畫

斂 《左傳・僖二十八年》：「齊侯、晉侯會於斂盂。」 謹照原文，改「晉侯、齊侯盟于斂盂」。

斗部

斗 《周禮・地官・司徒》：「掌染革。」註：「染革，藍蒨，象斗之屬。」 謹照原文，「《司徒》」改爲「《序官》」，兩「革」字均改爲「草」字。

方部

七畫

旌

《爾雅·釋天》：「旄首曰旌。」　謹照原文，「旄」上增「註」字。

又「旌旂」，疏：「旌旂者，凡旗之名雖異，旌旂爲之總稱。」　謹按：此十九字亦係《爾雅·釋天》文，謹改於「亦有旒」之下，《廣雅》之前。

斿車建旌。　謹照《周禮》原文，「建旌」改「載旌」。

十五畫

旞

又，道車建旞。　謹照《周禮》原文，「建旞」改「載旞」。

旗

《爾雅・釋天》：「錯革鳥曰旗。」疏：「錯，置也。革，忽也。」謹照原文，「忽也」改「急也」。

【校注】

〔一〕見《論語・學而》。

〔二〕見《小雅・黍苗》。

〔三〕見《九歌・東君》。「生色」當爲「聲色」。

〔四〕見《太玄》。

〔五〕見《齊第四》。

〔六〕見《詩・小雅・車攻》。今本「㧘」作「柴」。

〔七〕《孟子》兩句，均見《告子下》。

〔八〕「摩之符也內，內符者，揣之主也」一句，今《鬼谷子・摩篇》作：「摩者，揣之術也。內符者，揣之主也。」

〔九〕此句應爲「而撟虔吏因乘勢以侵蒸庶」。

〔一〇〕見《詩・大雅・蕩》。

辰集

《〈字典·辰集·上〉考證》目録

《字典·辰集·上》考證

日部

四畫

昆　《説文》：「同也。」註：「比之，是同也。」　謹照原文，「比」之上增「日日」二字。

昔　左思《詠史詩》：「當其未遇時，憂其填溝壑。」　謹照原詩，「憂其」改「憂在」。

五畫

昭　爵士乃昭。　謹照《前漢·敘傳》原文，「爵士」改「爵土」。

八畫

⿲矢日弓　《説文》：「識詞也。从白从弓从知。」　謹照《説文》，「弓」旁改「亏」旁。

十畫

㬎　《説文》：「作㬎，微杪也。」　謹照原文，「㬎」上删「作」字，「㬎」下增「衆」字。

十一畫

智　按《説文》，「智」作「𥏼」，从自，在《矢部》。　謹按：《説文》，「𥏼」在《白部》[一]，「矢」改「自」。

㬓　揚子《方言》：「曬，乾物。」　謹照原文，改「乾物也」。

十二畫

⿱⺮昔　謹按：《集韻》「昔」，籀作「⿱⺮昔」字，當上「⿱⺮㫺」卜「月」[二]，「月」即肉也。謹改「⿱⿱⺮㫺月」。

曰部

六畫

曹

《説文》作「䡩，獄之兩䡩也。在廷東，从棘。治事者。」謹照原文，於「治事者」下增「从曰」二字。

九畫

會

《春官・大宗伯》：「時見而會。」謹照原文，「而會」改「曰會」。

《集韻》：「古活切，音括。撮項椎也。」謹照原文，「撮」上增「會」字。

十畫

朄

《周禮・春官・大師》：「合奏鼓朄。」謹照原文，「合」改「令」。

註：「鄭司農，先擊小鼓，乃擊大鼓，爲大鼓先引，故曰朄。」謹按文義，「註」字移於

「鄭司農」下。照原註，「爲大鼓」上，增「小鼓」二字。

月部

六畫

朒

謝莊《月賦》：「朒朓警闕。」謹照原文，「闕」改「闕」。

《〈字典·辰集·中〉考證》目録

《字典·辰集·中》考證

木部

一畫

朩

《説文》：「補昧切。」　謹照原文，「補昧切」改「讀若輩」。

末

且末，國名。見《前漢·西域傳》。　謹照原文，「且」改「且」。

本

《曲禮》註：「韭曰豐本。」　謹按：「韭曰豐本」係經文，非註文，謹省「註」字。

札

《左傳·成十六年》：「養由基蹲甲而射之，穿七札焉。」　謹照原文，「穿」改「徹」。

《左傳·昭二年》：「民不夭札。」　謹照原文，「二年」改「四年」。

二畫

朱　國人歌之曰：「朱儒，朱儒，使我敗於邾。」〔三〕謹照《左傳》原文，「歌」改「誦」。

朴　《本草別録》：「一名逐折，又名樹名榛。」　謹照原文，改「其樹名榛，其子名逐折。」

朹　《爾雅·釋木》：「朹，繫梅。」註：「朹樹狀似梅子，大如指。」　謹照原文，「大如指」改「如指頭」。

朽　《左傳·僖三十三年》：「恐燥濕之不時而朽蠹，以重敝邑之罪。」　謹照原文，改「《襄三十一年》」。

朾　《左傳·成十八年》：「孟獻子會於虛朾。」杜註：「朾音汀。」　謹照原文，改「釋文：『他丁反。』」

三畫

杅 《禮·既夕》註：「杅亦作栙，盛湯漿器也。」　謹照原文，「禮」上增「儀」字，「器也」改「盤」字。

杇 《説文》：「所以塗也。」《爾雅·釋宫》：「杇鏝謂之杇。」《方言》：「秦謂之杇，關東謂之槾。」　謹按：「秦謂之杇」二語，出《説文》，不出《方言》。　謹改爲：《説文》：『所以塗也。秦謂之杇，關東謂之槾。』」《爾雅·釋宫》：「『鏝謂之杇。』註：『泥鏝。』」

杈 《周禮·天官·鼈人》：「以時簎魚鼈龜蜃。」　謹照原文，「簎」改「簎」。

杪 《唐韻》《集韻》𠀤子了切，音剿。　謹按：「子了切」見《廣韻》，非《説文》所載《唐韻》也。「《唐韻》」改「《廣韻》」。

《説文》：「私兆切。」《集韻》：「七小切。」𠀤音悄。　謹按：「私兆切」非「悄」字之音。謹據《廣韻》，「私兆切」下增「音小」二字，「七小切」下省「𠀤」字。

杍

《書·梓材》疏：「梓亦作杍。」　謹照原文，「疏」改「釋文」。

李

《前漢·胡建傳》：「《黄帝李治》。」　謹照原文，「治」改「法」。

杏

《禮·祭法》：「夏祠用杏。」　謹按：《禮·祭法》無此語。《太平御覽》引盧諶《祭法》曰：「夏祀用杏。」謹將「禮」字改爲「盧諶」，「祠」字改爲「祀」字。

材

摶植之工也。　謹照《周禮》原文，「摶植」改爲「摶埴」。

百工飭庀八材。　謹照《周禮》原文，「飭庀」改爲「飭化」。

杓

《史記·項羽傳》：「沛公不勝桮杓。」　謹照原文，「傳」改「紀」。

杖

《禮·曲禮》：「大夫七十而致仕，賜之几杖。」　謹照原文，「賜」之上，增「若不得謝則必」六字。

杜

《爾雅・釋草》："虎杖，荼也。" 謹照原文，改"搽，虎杖。"

《爾雅・釋蟲》："杜伯，蝎也。" 謹按：所引出《博雅》，非《爾雅》，"爾"改"博"，并照原文"蝎"改"蠍"。

杝

《正韻》："尺里切，音移。" 謹按："尺里切"不得音"移"，謹改"音侈"。

杞

秋名卻老枝，冬名地骨皮。 謹照《廣韻》原文，"皮"改"根"。

杠

《急就篇》："妻婦聘嫁齎媵僮，奴僕私隸枕牀杠。" 謹照原文，"僕"改"婢"。

《爾雅》："講武，素綿綢杠。" 謹按：所引係《爾雅・釋天》。謹照原文，"講武"改"《釋天》"，"綿"改"錦"。

四畫

杫

《方言》："俎，几。蜀漢之間曰杫。" 謹照原文，"几"下增"也"字。

杯

《史記·項羽傳》：「一杯羹。」師古註：「今之側杯有兩耳者。」 謹按：師古註，係《前漢書》，謹將「《史記》」改爲《前漢》，并照原文，增「幸分我」三字。

杳

《集韻》《韻會》《正韻》：「伊烏切，𡘋音窅。」 謹照原文，「烏」改「鳥」。

杶

《左傳·襄十七年》：「孟莊子斬其櫛以爲公琴。」 謹照原文，「十七年」改「十八年」。

杼

《詩·小雅》：「大東小東，杼柚其空。」 謹照原文，改「小東大東」。

松

《禮·禮器》：「松柏之有心也，貫四時而不改柯易葉。」 謹照原文，「松」上增「如」字，「貫」上增「故」字。

板

毛萇「百堵」傳：「築牆者。」 謹按：原文無「築牆者」三字。謹照原書，改：「《詩·小雅·鴻雁篇》毛傳。」

梴

《爾雅・釋木》：「旄，桃。」謹照原文，「桃」上增「冬」字。

枇

《釋名》：「枇，其細相比也。」謹照原文，「其」改「言」。

枉

《周禮・秋官・司寇》：「救日以枉矢。」註：「漢時名飛矛，用以守城，利火射。」謹按：《秋官・司寇》無「救日以枉矢」之文，註亦無「漢時名飛矛」之語，今照《周禮》，改：「《夏官・司弓矢》：『枉矢利火射。』註：『今之飛矛是也，或謂之兵矢。』」

《投壺禮》：「主人請曰：『某有枉矢哨壺，以樂嘉賓。』」謹按：「禮」字應移於「投壺」之上。照原文，「謂」字改「請」字，「以樂嘉賓」改「請以樂賓」。

枋

揚子《方言》：「蜀人以木偃魚曰枋。」謹按：《方言》無「以木偃魚曰枋」之文，查係《集韻》，謹改「揚子《方言》」爲「《集韻》」。

枌

《爾雅・釋木》：「榆，白枌。」郭註：「榆之先生葉，卻著莢，皮色白。」謹照原文，「榆之」改「枌榆」。

枍

《唐韻》：「於計切。」《集韻》：「壹計切，𠀤音意。」謹按：「枍」在《霽韻》，「意」在《寘韻》，「枍」、「意」不同音。今據《廣韻》《集韻》，「意」改「瞖」。

析

《書·禹貢》：「析支、渠搜、西戎。」謹照原文，改「崐崘、析支、渠搜。」

栢

祥「杈」字註。謹按文義，「祥」改「詳」。

枒

《周禮·冬官·考工記》作「牙」，「輿人斬三材，以爲轂、輪、牙。」謹照原文，「輿」改「輪」，「輪」改「輻」。

枓

《儀禮·饋食禮》：「司官設罍水于洗東，有枓。」謹按：無「少牢」二字，則與《特牲饋食禮》無別。今照原文，「《儀禮》」改「少牢」，「官」改「宮」。

枕

春枕，見「桃」字註。　謹照本書，「桃」改「挑」。

林

《左傳・莊二十年》：「歌《林鐘》，舞《大夏》，以祭山川。」　謹按：此係《左傳》疏所引《大司樂》文，非係《左傳》原文。且《周禮》作「函鐘」，不作「林鐘」。今謹改：「《禮・月令》：『季夏之月，律中林鐘。』《周禮》作『函鐘』。」

枘

宋玉《九辨》：「圜枘而方鑿兮，吾固知鉏鋙而難入。」　謹照原文，「枘」改「鑿」，「鑿」改「枘」，「知」下增「其」字。

梔

賈逵以爲厄裹也。　謹照《説文》，「裹」改「裹」。

杈

《左傳・襄十一年》　謹照原文，「十一年」改「十八年」。

果

《易・下繫》：「乾爲天，爲木果。」　謹照原文，「下繫」二字改爲「《説卦》」。

《左傳・宣元年》　謹照原文，「元年」改「二年」。

又與「蜾」通。左思《吴都賦》：「風俗以韰果爲嫿。」　謹照原文，「蜾」改「倮」。

《小宗伯》：「辨六彝之名物，以待祼將。」　謹照原文，「祼」改「果」。

枝

本作「支」，故曰「別生」。會意。　謹照原文，改「自本而分，故曰別生」。

《左傳・隱八年》：「枝布葉分。」　謹按：所引乃《隱八年》疏，非正文。謹照原書，「八年」下增「疏」字。

五畫

枰

《逸雅・釋牀》：「枰，平也，以板作其體，平正也。」　謹按：「枰，平也」二語，出《釋名》。今照原書，將「《逸雅・釋牀》」四字，改爲《釋名》。

揚子《方言》：「投博謂之枰。」　謹照原文，「投博」上增「所以」二字。

枳

《周禮・冬官・考工記》：「橘踰淮而化爲枳。」　謹照原文，「化」改「北」。

架

《爾雅·釋器》疏："凡以竿爲衣架者，多篪。" 謹照原文，"多"改"名"。

《儀禮·少宰饋食》註　謹照原文，"《少宰》"改"《少牢》"。

栒

《方言》："栒簍，車弓也。" 謹照原文，《方言》上增"揚子"二字。"栒簍，車弓也"改作"車栒簍"。

枹

《左傳·成二年》："左執轡。" 謹照原文，"執"改"并"。

《管子·大匡篇》："介曹執枹，立於軍門。" 謹照原文，"《大匡》"改"《小匡》"，"介曹"改"介胄"。

《爾雅·釋草》："楊，枹薊。"郭註："音孚。" 謹照原文，"郭註"改"釋文"。

又，他結切，音鐵。《史記·武帝紀》"枹罕"註："金城，縣名。" 謹按：《玉篇》《廣韻》《集韻》《類篇》《韻會》"枹"字均無"他結切"之音。《史記·武帝紀》亦無"枹罕"之文，惟《漢書》有之。謹改："又縣名。《前漢·武帝紀》『枹罕』註：音鈇，金城之縣也。"又按：《漢書》註"音鈇"，與"音敷"相近，謹移於"敷""浮"二音之下。

柍　《説文》：「江南橦邨。」　謹照原文，「邨」改「材」。

朶　再染謂之赤。　謹照《爾雅》原文，「赤」改「赬」。

柚　《書·禹貢》：「厥包橘柚。」傳：「大曰橘，小曰柚。」　謹照原文，改「小曰橘，大曰柚」。

柤　《爾雅·釋木》：「柤梨曰攢之。」　謹照原文，「攢」改「鑽」。

柮　《廣韻》：「藏活切。」《集韻》：「攢活切。」㚢音「椊」。　謹按：「攢活切」不得音「椊」，「椊」乃「椊」之譌。據《類篇》，「椊，攢活切」，正與「柮」同。「音椊」改「椊」。

柯　《春秋·莊十三年》：「公會齊侯于柯。」　謹照原文，「于柯」上增「盟」字。

柲《周禮・冬官・考工記》：「弓檠曰柲。」 謹按：《考工記》無「弓檠曰柲」之文，今改：「《儀禮・既夕記》：『有柲。』註：『弓檠也。』」

栖《禮・聘禮》：「宰夫實觶于醴。」 謹照原文，「于」改「以」。

六畫

栩杕音詡。《説文》：「柔也。」 謹照原文，「柔」改「柔」。

株《説文》：「木根也。」徐曰：「在土曰根，在土上曰邾。」 謹照原文，「邾」改「株」。

栫郭璞《江賦》：「洊瀫爲涔。」 謹照原文，「洊」改「栫」。《左傳・襄十年》：「囚諸樓臺，栫之以棘。」 謹照原文，「《襄十年》」改「《哀八年》」。

栱《爾雅・釋宮》：「杙，大者爲栱，小者爲閣。」 謹照原文，改：「杙，大者謂之栱，長者謂之閣。」

核　《詩・小雅》：「殽核維旅。」申傳：「非穀實而食之曰殽核。」〔四〕　謹按：鄭箋「非穀而食之曰殽」，無「核」字。今改：「傳：『核加籩也。』箋：『桃梅之屬。』」

根　勿使能植。　謹照《左傳》原文，「植」改「殖」。

天根，氏星也。《左傳・桓十四年》：「天根見而水涸。」　謹按：《左傳》無「天根見而水涸」之語。查係《周語》，今據改：「天根，星也。《周語》：『天根見而水涸。』註：『亢、氐之間。』」

《前漢・五行志》：「木名倉琅根。」　謹照原文，「名」改「門」。

格　《書・同命》：「繩愆糾繆。」　謹照原文，「同」改「冏」，「繆」改「謬」。

桀　《左傳・成二年》：「齊高國桀石以投人。」〔五〕　謹照原文，「國」改「固」。

張衡《西都賦》　謹照原文，「都」改「京」。

桁

《儀禮·既夕》：「皆木桁久之。」註：「『久』當爲『灸』，所以蓋也。」　謹照原文，「灸」改「灸」。

桃

《爾雅》作「楔」。　謹按：「含桃」又名「楔」，非字之通作也。謹改：「《爾雅》謂之楔。」

桐

《禮·月令》：「仲春之月，桐始華。」　謹照原文，「仲」改「季」。

桑

《禮·月令》：「季夏之月，命野虞毋伐桑柘。」　謹照原文，「夏」改「春」。

《書·禹貢》：「厥貢檿絲。」　謹照原文，「貢」改「篚」。

《周禮·冬官·考工記》：「工人取榦之道，柘爲上，檿桑次之。」〔六〕　謹照原文，「工人」改「弓人」。

《左傳·襄四年》：「桑扈，竊脂，爲蠶驅雀者也。」　謹按：此係《昭十七年》傳註，非《襄四年》傳文。今據改：「《左傳·昭十七年》：『九扈爲九農正。』註：『桑扈，竊脂。』」

桓

《禮·王制》：「三家視桓楹。」　謹照原書，「《王制》」改「《檀弓》」。

《書·武成》：「尚桓桓。」　謹照原書，「《武成》」改「《牧誓》」。

《方言》：「桓桓，憂也。」　謹照原文，省一「桓」字。

七畫

桷

《左傳·莊二十四年》：「刻桓宮桷。」　謹照原文，「《左傳》」改「《春秋》」。

《穀梁傳》：「天子之桷，斲之礱之，加密石焉。諸侯之桷，斲之礱之。」　謹照原文，兩「礱之」炏改爲「礱之」。

梂

《左傳·昭四年》：「太嶽三塗。」　謹照原文，「太嶽」改「四嶽」。

桹

《後漢·夜郎傳》：「牂柯句叮縣。」　謹照原文，「叮」改「町」。

梁

《詩·小雅》：「敝笱在梁。」又，「胡逝我梁。」〔七〕　謹照原文，「《小雅》」改「《齊風》」，「又」字改「《小雅》」。

《爾雅・釋天》：「大梁，昴星。」　謹照原文，「昴星」改「昴也」。

《晉語》：「魏惠王徙都大梁。」　謹按：《晉語》無「徙都大梁」之文。今照《史記・魏世家》，將「《晉語》」改爲《史記》，「都」字改爲「治」字。〔八〕

梅

《書・説命》：「若作和羹，汝惟鹽梅。」　謹照原文，「汝惟」改「爾惟」。

《爾雅・釋木》：「杋，槧梅。」　謹照原文，「槧」改「檕」。

桔

《爾雅・釋器》：「杻謂之桎，械謂之梏。」　謹按：所引出《博雅》，不出《爾雅》。今照原文，「《爾雅・釋器》」改「《博雅・釋室》」，「桎」改「梏」，「梏」改「桎」。

《左傳・襄六年》：「子蕩以弓梏華氏于朝。」　謹照原文，「華氏」改「華弱」。

梔

《説文》：「木實可染。」　謹照原文，「木實」改「黄木」。

梗

《周禮・天官・女祝》：「以時招梗襘禳，以除時疾。」　謹照原文，「時疾」改「疾殃」。

梟　《楚辭》：「成梟爲牟。」〔九〕　謹照原文，「爲牟」改「而牟」。

梢　揚雄《甘泉賦》：「梢夔魖而扶獝狂。」　謹照原文，「扶」改「抶」。

梧　《莊子・德充符》：「惠子倚槁梧而瞑。」　謹照原文，「倚」改「據」。

械　《周禮・天官》：「三歲大計群吏之治，以知民器械之數。」註：「器，禮樂之器。械，謂弓矢戈殳矛戟也。」　謹照原文，「《天官》」改「《司書》」，「註」改「疏」。

梱　《周禮・大司寇》「軍形」疏　謹照原文，「形」改「刑」。

《司射》：「命中離維綱。」　謹照《儀禮》原文，「《司射》命」改「《大射儀》」。

八畫

棄　《爾雅・釋詁》：「忘也。」　謹照原書，「《釋詁》」改「《釋言》」。

榛

《詩・召南》：「不我遐棄。」　謹照原書，「《召南》」改「《周南》」。

棐

《莊子・天文篇》　謹照原書，改「《天道篇》」。

棓

《洛誥》：「朕教汝以棐民彝。」　謹照原文，改：「聽朕教汝，于棐民彝。」

棘

《史記・天官書》：「紫宫右三星，曰天棓。」　謹照原文，「三星」改「五星」。

棟

《詩・鄘風》：「吹彼棘心。」　謹照原書，「《鄘風》」改爲「《邶風》」〔一〇〕。

《周禮・天官掌舍》：「戟門亦謂之棘。」　謹照原文，改：「棘門，註『以戟爲門』。」

棣

《逸雅》：「棟，中也。」〔一一〕　謹照原書，「《逸雅》」改「《釋名》」。

《管子・地員篇》：「其桑其松，其杞其茸，棰木胥容。」　謹照原文，「棰」改「種」。

《小雅》：「棠棣之華。」　謹照原文，「棠棣」改「常棣」。

棧

《周禮·冬官·考工記》：「輿人爲車，棧車欲其弇，飾車欲其侈。」註：「不革鞔而桼之曰棧車。」《春官·巾車》：「士乘棧車。」　謹按：《輿人》原文無二「其」字。「不革鞔而桼之」，乃《巾車》註，非《輿人》註。今謹照原文，改：「《周禮·春官·巾車》：『士乘棧車。』註：『棧車，不革鞔而漆之。』《冬官·考工記》：『輿人爲車，棧車欲弇，飾車欲侈。』」

《爾雅·釋木》：「棧木，于木。」註：「橿，江東呼木觡。」疏：「棧木，一名于木。」　謹照原文，「于」改「干」，「橿」下增「木也」二字，「疏」下省「棧木」二字，「于」字改「干」字。

《爾雅·釋樂》：「小鐘謂之棧。」　謹照原文，「小鐘」改「小者」。

《前漢·藝文志》：「叢棘棧棧。」　謹按：此語不出《藝文志》。照原書，改「《息夫躬傳》」。

椁

《博雅》：「椁，廓也。」　謹照原書，「《博雅》」改「《釋名》」。

《周禮·冬官·考工記》：「兵車之輪，崇六尺有六寸，椁其漆內而中詘之，以爲之轂長。」　謹按：下二句是《輪人》文，上二句則非《輪人》文，不便連引。謹照原文，改：「《周禮·冬官·考工記·輪人》：『參分其牙圍，而漆其二。椁其漆內而中詘之，以爲之轂長。』」

椊

《唐韻》《集韻》竝昨没切，存入聲。《唐韻》：「椊杌，以柄内孔也。」　謹按：《説文》無「椊」字，則無由引《説文》註末之《唐韻》，查「昨没切」及「以柄内孔」之解，皆出《廣韻》。謹照《廣韻》原文，兩「《唐韻》」竝改爲「《廣韻》」。

椌

《禮·樂記》：「鞉鼓柷圉。」註：「大椌曰柷。」　謹照原文，「柷圉」改「椌楬」，「大椌曰柷」改「謂柷敔也」。

植

《爾雅·釋宮》：「植謂之傳，傳謂之突。」疏：「植謂户之維持鏁者也，植木爲之，又名傳，亦名突。」　謹照原文，三「傳」字竝改爲「傳」字。

《左傳·襄三十一年》子産曰　謹照原文，「《三十一年》」改「《三十年》」，「子産」上增「鄭」字。

椐

《詩·大雅》：「修之平之，其灌其栵。啟之辟之，其檉其椐。」〔一二〕　謹按：「椐」與

「柘」爲韻，不與「栵」爲韻。謹照原文之韻，改：「啟之辟之，其檉其椐。攘之剔之，其檿其柘。」

椓 《左傳・哀十一年》：「衛侯辭以難，公子又使椓之。」 謹照原文，「《十一年》」改「《十六年》」，「公子」改「大子」。

《書・呂刑》：「劓刵椓黥。」 謹照原文，「刵」改「刖」。

《詩・大雅》：「民今之無祿，夭夭是椓。」〔一三〕 謹照原文，「《大雅》」改「《小雅》」，「夭夭」改「天夭」。

九畫

椷 《前漢・天文志》：「星辰過大白，閒可椷劍。」 謹照原文，「星辰」改「辰星」。

楀 《詩・小雅》：「楀維師氏。」箋：「褒氏族黨。」〔一四〕 謹照原文，「箋」改「疏」，「氏」改「姒」。

榆

《禮·内則》：「堇、荁、枌、榆，兔薧，滫瀡以滑之。」〔一五〕　謹照原文，「兔」改「免」。

楣

《鄉飲酒禮》：「賓升，主人阼階上立當楣，北面再拜。」　謹照原文，去「立」字。

楨

《山海經》：「太山之上多楨女。」〔一六〕　謹照原文，「楨女」改「楨木」。

楯

《左傳·定五年》：「樂祁獻揚楯六十于簡子。」　謹照原文，「《五年》」改「《六年》」。

棉

《詩·邶風》：「象之棉也。」〔一七〕　謹照原文，「《邶風》」改「《鄘風》」。

十畫

穀

又，《書·咸乂》：「亳有祥桑穀共生于朝。」　謹按：此《書·序》文，非經文。謹照原書，「咸乂」下增「序」字。

榛

《禮・曲禮》：「椇榛脯脩棗栗。」註：「榛，古作亲。」　謹照原文，「註」改「釋文」，「榛古」改「古本」。

榧

《唐韻》《集韻》《韻會》𠀤府尾切，音筐。　謹照「府尾切」，「音筐」改「音篚」。

棧

《詩・魯頌》：「方斲是虔。」〔一八〕　謹照原書，「《魯頌》」改「《商頌》」。

榪

《韻會》引「曾子輿機」。疏：「機以木爲之，如牀，先用以繩繫兩頭，謂之榪。」　謹照原文，「以繩」之「以」改「一」字，「兩頭謂之榪」改「著兩頭之榪」。

榭

《公羊傳》：「廟有室曰寢。」　謹照原文，「廟」改「註」。

《爾雅・釋宮》：「榭亦謂之序。」《唐韻》：「古者序、榭同。」　謹按：「榭亦謂之序」，《爾雅》無此文，今改「與序通。《儀禮》：『序則鉤楹内。』註：『序讀如榭。』」

榮 又，杜榮，忘憂草也。郭璞《爾雅註》：「一名莣，今芒草，可爲索。」謹按：杜榮非忘憂草，今改「又杜榮，草也。《爾雅》：『莣，杜榮。』註：『似茅皮，可以爲繩索履屩。』」

楮 《爾雅·釋訓》：「楮，柱也。」謹照原書，「《釋訓》」改「《釋言》」。

椗 梈椗，長水貌。謹照原文，「水」改「木」。

楒 《爾雅·釋木》：「魄，楒榿。」註：「木細葉，似檀，今河東有之。」謹照原文，「河」改「江」。

槀 《禮·曲禮》：「祭槀魚曰商。」謹照原文，改「槀魚曰商祭」。

槃 《周禮·天官·掌舍》：「若合諸侯，則共珠槃、玉敦。」註：「古者以槃盛皿。」謹照原文，「《掌舍》」改「《玉府》」，「皿」改「血」。

榣　《詩・秦風》註：「條又作樤，榣也。」〔一九〕《爾雅・釋木》：「謂之柚條。」　謹按：《爾雅》「柚條」乃「橘柚」之「柚」，非榣也。今節《爾雅》一條，改作「《詩・秦風》：『有條有梅。』傳：『條，榣也。』釋文：『條，本一作樤。』」

槅　張衡《西都賦》：「商旅連槅。」　謹照原文，「《西都賦》」改「《西京賦》」，「連」改「聯」。

槍　《周禮・秋官・職舍》：「國有大故，而用金石，則掌其令。」　謹照原文，「職舍」改「職金」。

槎　《春秋・公羊傳》：「山木不槎。」　謹按：《公羊傳》無「山木不槎」之文，今改：「《魯語》：『里革曰：『山不槎櫱。』』」

十一畫

樣　謹按：《說文》無此字，今改「樣」。

櫄

《說文》：「積火燎之也。」　謹照《集韻》原文，「積火」改「積木」。通作槱。　謹照《集韻》原文，「槱」改「猶」。

樂

《孝經》：「移風移俗，莫善于樂。」　謹照原文，「移俗」改「易俗」。

樊

《周禮·春官·巾車》：「玉路錫樊纓。」　謹照原文，「錫樊纓」改「鍚樊纓」。鄭註：「鞶，馬太帶也。步干切。與鞶通。《左傳》作『曲縣繁纓』。」　謹按：「步干切」以下，非鄭註也。謹照原文，改：「鄭註：『樊讀如鞶，馬大帶也。』釋文：『步干反。』《左傳》作『繁纓』。」

樓

《爾雅·釋草》：「栝樓，果贏之實。」註：「齊人呼爲木瓜。」　謹照原文，改「果贏之實，栝樓」，「木瓜」改「天瓜」。

標

《禮·投壺》：「飲畢之後，司射請爲勝者樹標。」　謹按：此孔疏，非經文。謹照原書，「《投壺》」下增「疏」字。

樛

《儀禮・喪經》：「不樛垂。」　謹照原書，「喪經」改「喪服」。

十二畫

樴

《周禮・春官》：「大祭祀，展犧牲，繫于牽，頒于職。」　謹照原文，「《春官》」改「《肆師》」，「牽」改「牢」，「職」下增「人」字。

樹

《儀禮・鄉射禮》：「君國中射，皮樹。」　謹照原文，「皮」上增「則」字，「樹」下增「中」字。

樺

《莊子・讓王篇》：「原憲華冠縱履。」　謹照原文，「縱」改「縰」。

樽

《左傳・昭十四年》：「樽以魯壺。」　謹照原文，「《十四年》」改「《十五年》」。

橈

《周禮・冬官・考工記》：「其覆車也，轅直且無橈也。」　謹按：所引非原文。謹照原文，改：「《輈人》：『惟轅直且無橈也。』」

橋

《儀禮・士昏禮》：「笄加于橋。」註：「橋以庋笄。」　謹照原文，兩「笄」字𠀤改「笄」。

橑

《周禮・輪人》：「弓鑿廣二枚。」　謹照原文，「二」改「四」。

橖

貫象齒而焚之。　謹照《周禮》原文，「焚」改「沈」。

⿰木貿

《周禮・天官・典枲》：「衣翣柳之材。」註：「翣柳，一作接⿰木貿。鄭玄曰：『接讀爲澀，⿰木貿讀爲柳。』」　謹照原文，「典枲」改「縫人」，省「註」字。「一作接⿰木貿」，改爲「故書作接⿰木貿」。「鄭玄」改爲「鄭衆」。

十三畫

橿 《逸雅》：「齊人謂鋤柄曰橿。」 謹照原書，「《逸雅》」改「《釋名》」。

檀 《周禮・冬官・考工記》：「中車輻。」 謹按：《考工記》無「中車輻」之文。今改：「《考工記》鄭註：『輻以檀。』」

檃

檄 《淮南子・務脩訓》 謹照原書，「《務脩訓》」改「《脩務訓》」。

櫂直上也。 謹照《爾雅》註原文，改「檄櫂直上」。

檍 《周禮・冬官・考工記・工人》：「取幹之道，柘爲上，檍次之。」 謹照原文，「工人」改「弓人」。

繫 按：《易・井卦・彖辭》：「汔至，未繘井。」 謹照原文，「汔至」下增「亦」字。

檖

《爾雅・釋木》「樣蘿」　謹照原文，「樣」改「檖」。

檛

《左傳・文十一年》：「士會適晉，繞朝贈之以策。」　謹照原文，「《十一年》」改爲「《十三年》」。「士會適晉」四字，改「乃行」二字。

檜

《詩・鄘風》：「檜楫松舟。」〔二〇〕　謹照原文，「《鄘風》」改爲「《衛風》」。鄭註：「翰兩旁飾。」　謹照原文，「鄭註」改「杜註」。音釋：「又作檜，建大木置石其上，發機以鎚敵者也。」　謹照原文，「音釋」改「音義」，「鎚敵」改「磓敵」。

檠

《詩・秦風》：「竹閉緄縢。」〔二一〕箋：「弓檠曰韝。」　謹照原文，「箋」改「釋文」。

十四畫

檮

《左傳・文十八年》：「顓頊有不才子，不可教誨。」　謹照原文，「顓頊」下增「氏」字，

「誨」改「訓」。

槸　《周禮·冬官·考工記》：「參分軹圍，去一以箱爲槸圍。」註：「䡾或从木。」　謹照《考工記》，「以」字下無「箱」字，註亦無「或从木」之文。今照原文，「參分」上增「輿人」二字，省「箱」字、「註」字。

檿　《周禮·冬官·考工記》：「弓人取幹之道，柘爲上，檿桑又次之。」《周語》：「檿弧箕服。」　謹照原文，改作「檿桑次之」。「又」字移於「《周語》」之上。

十五畫

櫓　《禮·儒行》：「禮義爲干櫓。」　謹照原文，「禮義」下增「以」字。

櫛　《左傳·僖二十二年》：「懷嬴曰：『寡君使婢子侍巾櫛。』」　謹照原文，「侍」下增「執」字。

《說文》徐氏曰：「櫛之言積也。」　謹照原書，「徐氏」改「《繫傳》」。

櫜

《禮・檀弓》：「赴車不載櫜帳。」 謹照原文，「櫜帳」改「櫜韔」。

註：「包干戈以虎皮，曰建櫜。」 謹照《左傳》原文，「註」改「疏」。

櫝

《儀禮・聘禮》：「賈人西向坐，啟櫝。」 謹照原文，「西向」改「西面」。

註：圭函故。 謹按：註無此語，今改爲：「釋文：函也。」

《左傳・襄七年》：「瑤甕玉櫝。」 謹照原文，「襄」改「昭」。

櫟

《詩・秦風》：「山有苞櫟。」〔一二〕註引《爾雅》云。 謹照原文，「註」改「疏」。陸璣疏：「河南人謂木蓼爲櫟。《秦風》『苞櫟』，從其方土之言柞櫟也。」 謹照原文，「南」改「内」。「《秦風》」以下，改爲：「此秦詩，宜從其方土之言柞櫟是也。」

《淮南子・時則訓》：「官獄其樹櫟。」 謹照原文文義，「官獄」改爲「十二月」三字。

十六畫

櫬

《左傳・襄六年》：「穆姜爲櫬。」 謹照原文，「《六年》」改「《二年》」。

十七畫

櫻

《禮・月令》:「仲夏之月,以含桃先薦寢廟。」 謹照原文,「以」上增「羞」字。

十八畫

欇

《博雅》:「欇,枝也。」 謹照原文,「枝」改「杖」。

權

《詩・秦風》:「吁嗟乎,不成權輿。」〔二三〕 謹照原文,「吁」改「于」,「成」改「承」。

《後漢・郊祀志》:「上宿郊見,通權火。」 謹按:《後漢書》無《郊祀志》,「《後漢》」改「《前漢》」。

《爾雅・釋草》:「權,黃英。」 謹照原文,「英」改「華」。

十九畫

欑

《左傳・隱十一年》:「王與鄭人欑茅之田。」 謹照原文,省「之田」二字。

《春秋・宣十一年》:「會狄于欑函。」 謹照原文,「會狄」上增「晉侯」二字。

《左傳·昭元年》：「禜祭爲營欑。」　謹按：　此註文，非傳文。謹照原文，「元年」下增「註」字。

鑠　註：「古應鐘之鐘不圜。」　謹照《周禮·考工記》原文，「註」改「疏」，「應鐘」改「應律」。

二十一畫

欗　屈原《離騷》：「朝搴阰之木蘭兮。」　謹照原文，「蘭」改「蘭」。

《字典·辰集·下》考證》目録

《字典·辰集·下》考證

欠部

欠

《前漢·翼奉傳》：「體病則欠伸動於貌。」　謹照原文，「伸」改「申」。

二畫

次

《儀禮·士冠禮》：「女次純衣纁衻。」　謹照原文，「《士冠禮》」改「《士昏禮》」，「衻」改「衻」。

六畫

欬

《列子·殷湯篇》　謹照原書，改「《湯問篇》」。

七畫

欲

老子《道德經》：「不見可欲，中心不亂。」　謹照河上公註、王弼註原文，「中」改「使」。

《詩・大雅》：「非棘其欲。」〔二四〕　謹照原文，「非」改「匪」。

揚雄《羽獵賦》：「壯士忼慨，殊鄉別趣。」　謹照原文，「趣」改「趨」。

九畫

歇

《集韻》：「乙轄切，音軋，人名。」《前漢・高帝紀》：「立趙王歇爲趙王。」鄭氏讀　謹按：《史記・高祖紀》索隱：「歇，徐廣音烏轄反。鄭德音遏。」按：「烏轄反」與「乙轄切」同，則「乙轄切」內當引「徐廣讀」，不得引「鄭氏讀」。今謹改《高帝紀》一條爲：「《史記・高祖紀》『趙歇爲王』，『徐廣音烏轄反』。」又按：　歇音乙轄切，在《集韻・十五舝》；軋音乙黠切，在十四黠。乙轄切不得音軋。　謹照《集韻》「乙轄切」以「鶷」字爲首，改爲「音鶷」。

止部

一畫

正

《公羊傳・僖二十六年》：「師出不出反，戰不正勝。」謹照原文，「不出反」改「不正反」。

四畫

武

《汲冢周書》：「剛彊直理曰武。」謹照《逸周書》及《北史・于忠傳》，「直理」改「理直」。

《廣韻》：「本自白馬元地。」謹照原文，「元」改「氏」。

九畫

歲

《周禮・春官・馮相氏》疏：「十二歲一小周，千七百二十八年爲大周。」謹照原文，

「爲」字改「一」字。

三歲，則大計群吏之屬，而誅賞之。　謹照《周禮》原文，「屬」改「治」。

十二畫

歷

索隱註：「歷即釜鬲也。」　謹按：「《索隱》」即《史記註》之名。既稱《索隱》，不得復稱「註」，謹改「註」爲「曰」。

十四畫

歸

《周禮·春官·大占》：「掌三易之法。」　謹照原文，「占」改「卜」，「法」改「灋」。

歹部

五畫

殆

《禮·祭儀》：「不敢以先父母之體行殆。」　謹照原書，「《祭儀》」改「《祭義》」。

殆

《篇海類編》：「與殆同。」 謹照原文，「殆」改「殆」。

六畫

殉

《左傳·文六年》：「秦伯好任卒。」 謹照原文，「好任」改「任好」。

八畫

殔

《釋名》：「假葬於道曰殔。」 謹照原文，「道」字下增「側」字。

殖

《左傳·昭八年》：「夫學殖也，不殖將落。」 謹照原文，「《八年》」改「《十八年》」，「不殖」改「不學」。

殘

崔駰《博徒論》：「鷰曜羊殘。」 謹照原文，「曜」改「臛」。

十畫

殞

《楊惲傳》：「單于得漢美食好物，以爲殞惡。」　謹照原文，「以爲」改「謂之」。

殳部

殳

《釋名》：「殳，殊也。長一丈二尺，無刃。有所撞，挃於軍上。」　謹照原文，「軍上」改「車上」。

五畫

段

《説文》：「推物也。」　謹照原文，「推」改「椎」。

七畫

殺

《後漢·吴祐傳》：「欲殺青簡以寫經書。」註：「殺青者，以火炙簡令汗，取其青，易書，後不蠹，謂之殺青。」 謹照原文，「後」改「復」。

十畫

轂 《周禮・冬官・考工記・廬人》：「轂兵用強。」 謹照原文，「用」改「同」。

毌部

毌 《漢書・食貨傳》 謹照原書，「《食貨傳》」改「《貨殖傳》」。

四畫

毒 《周禮・天官・醫師》：「掌醫之政令，聚毒藥，以供藥事。」 謹照原文，「藥事」改「醫事」。

狗毒、繩毒，俱草名，見《爾雅・釋草》註。 謹照原書，「註」改「疏」。

比部

比

《左傳·莊十年》：「蒙皐皮而先犯之。」謹照原文，「皐皮」改「皐比」。

毛部

毛

《史記·夏本紀》：「羽旄齒革。」謹照原文，「旄」改「旄」。

七畫

毫

陸機《文賦》：「或捨毫而渺然。」謹照原文，「渺」改「邈」。

九畫

毹

《古樂府》：「坐客氈氍毹，毾㲪五木香。」 謹照原文，「毾」改「毾」。

十畫

毿

謹按：此字在十畫，若作毿，則是九畫。今據《廣韻》改爲「毿」。

十三畫

氈

《周禮·天官·掌皮》：「共其毳皮爲氈。」 謹照原文，「毳皮」改「毳毛」。

氏部

氏

趙彦衛《雲麓漫抄》：「如魯衛毛聃、邘晉應韓之分。」 謹照原文，「邘」改「邘」。

《史記·貨殖傳》：「烏氏倮。」 謹照原文，「烏」改「烏」。

一畫

氏

《孝經鉤命訣》　謹照原書，「訣」改「決」。

四畫

氓

《周禮》註：「新徙來者。」釋「新」義，非釋「眠」義。　謹按文義，「眠」改「甿」。

【校注】

〔一〕在《説文・白部》，《説文》：「此亦自字也。」皆、魯、者、𣄨同部。

〔二〕「卜」訛，當作「下」。

〔三〕見《左傳・襄公四年》。

〔四〕見《小雅・賓之初筵》。「申」字衍。

〔五〕原文應爲「齊高固入晉師，桀石以投人」，「入晉師」三字脱去。

〔六〕此處節引。

〔七〕兩句分見《齊風・敝笱》、《小雅・何人斯》。

〔八〕見《史記・魏世家》。

〔九〕見《楚辭・招魂》。

〔一〇〕見《邶風·凱風》。

〔一一〕《釋名·釋宫室》:「棟,中也,居屋之中也。」

〔一二〕見《大雅·皇矣》。此按《詩經》韻例校誤。王氏《詩經韻例》,見王念孫《古韻譜》和王引之《經義述聞》。

〔一三〕見《小雅·正月》。

〔一四〕見《小雅·十月之交》。

〔一五〕見《儀禮·内則》。

〔一六〕見《山海經·東山經》。

〔一七〕見《鄘風·君子偕老》。

〔一八〕見《商頌·殷武》。

〔一九〕見《秦風·終南》。

〔二〇〕見《衛風·竹竿》。

〔二一〕見《秦風·小戎》。

〔二二〕見《秦風·晨風》。

〔二三〕見《秦風·權輿》。

〔二四〕見《大雅·文王有聲》。

巳集

《〈字典·巳集·上〉考證》目録

《字典·巳集·上》考證

水部

二畫

汁

《周禮》註：「黑曰汁光紀，顓頊食焉。汁音叶，劉子集讀，亦作即入切。」謹按：《周禮》釋文：「汁音叶。劉子集反。」謂劉昌宗音「子集反」，非以「劉子集」爲人名。謹改「劉子集」爲「劉昌宗」，「即入切」爲「子集切」。

求

叶疆於切，音渠。謹按：《韻會小補》作「强於切」，「强」與「彊」同。「疆」字謹改「彊」。

汃

又，《唐韻》《集韻》《韻會》𠀤「普八切」。謹按：《說文》註下所引《唐韻》，只有「府巾切」，惟《廣韻》音「普八切」。謹將「《唐韻》」改爲「《廣韻》」。

三畫

汕

以簿取魚曰汕。謹照原文，「簿」改「薄」。

《詩·小雅》：「南有嘉魚，烝然汕汕。」〔一〕傳：「汕汕，樔也。」箋：「樔，或作罺。」謹照傳文，省下「汕」字。照原書，「箋」改「釋文」。

汙

《左傳·成十四年》：「春秋之文，盡而不汙。」謹照原書，「文」改「稱」。

汝

《水經》酈道元註：「今汝水出魯陽縣之大孟山黃柏谷。」謹照原文，「孟」改「盂」，「黄」改「蒙」。

池

枚乘《諫吳王書》：「游曲臺，臨上路，不知朝夕之池。」謹照原文，「知」改「如」。

揚雄《羽獵賦》：「相與集於青冥之館，以臨珍池，灌以岐梁，隘以江河。」 謹照原文，「青」改「靖」，「隘」改「溢」。

四畫

汪

《後漢・黃憲傳》：「叔度汪汪，若千頃陂。」 謹照原文，「陂」改「波」。

《左傳・桓十五年》：「蔡仲殺雍糾，尸諸周氏之汪。」 謹照原文，「蔡仲」改「祭仲」。

汴

《韻會》：「秦屬三州郡。」 謹照原文，「三州」改「三川」。

汶

《水經註》：「汶逕壽張縣西南，注長直溝，西流入浦。」 謹照原文，「入浦」改「入沛」。

《山海經》：「大江出汶水。」 謹按：此句出《山海經》註，謹於「經」下增「註」字。 竝照原文，「汶水」改作「汶山」。

沂

《周禮・夏官・職方氏》：「青州，其浸沂沐。」 謹照原書，「沐」改「沭」。

《爾雅・釋樂》：「大箎謂之沂。」 謹照原文，「箎」改「篪」。

沄

柳宗元《懲咎賦》：「沂湘流之沄沄。」　謹照原文，「沂」改「泝」。

洜

又，轄格切，音垎，與洛同，堅凍也。　謹照原文，「洛」改「洛」。《列子·殷湯篇》：「霜雪交下，川地暴洜。」　謹照原書，改「《湯問篇》」。

没

《山海經》：「太山東南流，注於没水。」　謹照原文，「太山」改「太水」。

沙

《周禮·天官·内司服》「素沙」註：「素沙，今之白縛也。以白縛爲裏。」　謹照原書，兩「縛」字炏改「縛」。

沛

揚雄《甘泉賦》：「雲飛揚兮雨滂沛，子胥德兮麗萬世。」　謹照原文，「子胥」改「于胥」。

五畫

洦

《詩·秦風》：「顔如渥丹。」〔二〕箋：「丹，如字。《韓詩》作『洦』，音撻各反，赭也。」謹按：「丹如字」云云，本釋文，非鄭箋。謹改「箋」字爲「釋文」。

沱

《説文》：「水別流也。」　謹照原文，「水」改「江」。

河

又，兩河謂河南、河北也。《爾雅·釋地》：「兩河閒曰冀州。」　謹按：《爾雅》註云：「自東河至西河，非謂河南、河北。」謹改「河南河北」爲「東河西河」。

沸

司馬相如《子虛賦》：「水蟲駭，波鴻沸。」　謹照原文，「駭」改「駭」。

油

《禮·玉藻》：「三爵而油油以進。」　謹照原文，「進」改「退」。

治

《周禮·春官·大宗伯》：「治其大體。」　謹照原文，「大體」改「大禮」。

沽 《詩·小雅》：「有酒酤我。」〔三〕 謹照原文，「有酒」改「無酒」。

沿 《樂記》：「禮樂之情，故明王以相沿也。」 謹照原文，「情」下增「同」字。

泊 張衡《西京賦》：「霍澤紛泊。」 謹照原文，「澤」改「繹」。

泌 《水經註》：「水自肥縣東北之自源，西南注於汾。」 謹按「自源」乃「白源」之譌，「汾」乃「汶」之譌。 謹照原文，改：「水出肥城縣東北白源，西南注於汶。」

泐 《周禮·冬官·考工記》：「石有時而泐。」 謹照原文，「而泐」改「以泐」。

泚 《說文》：「長沙之山，泚水出焉。」 謹按：此二句出《山海經》〔四〕，不出《說文》，謹據改「《山海經》」。

泝

泝斗，舟中抒水斗也。見《爾雅》。　謹按：「泝」乃「㴑」之譌。「《爾雅》」乃「《廣雅》」之譌。《廣雅・釋器》「㴑斗謂之柤」是也。當作「㴑」，不當作「泝」。謹改爲：「又與遡通。《詩・秦風》：『遡洄從之。』」

泥

又杇也。《易・井卦》：「井泥不食。」　謹按：程傳：「井之不可食，以泥污也。」「杇」改「污」。

注

又「匃注，亦山名，在代州鴈門縣西北」。　謹按：《漢書・地理志・鴈門郡》及《元和郡縣志》，皆作「句注」。謹改「匃」爲「句」。

泬

《唐韻》：「呼穴切。」《集韻》：「古穴切。」𠀤音玦。《説文》：「水從孔穴疾出也。」　又水名。《水經》作「沈水」，顔師古《漢書註》：「泬即今沈水。本作『泬』，與『沈』相似，因名沈水。」　又《廣韻》《集韻》《韻會》《正韻》𠀤呼決切，音血。泬寥，空貌。《楚辭・九辯》：「泬寥兮天高而氣清。」　謹按：「呼穴切」與「呼決切」同，與「古穴切」異，前後援引譌誤。

今謹改爲：「《廣韻》《集韻》《韻會》《正韻》𡘜呼決切，音血。《説文》：『水從孔穴疾出也。』又回泬，邪僻也，與回遹同。潘岳《西征賦》：『事回泬而好還。』又泬寥，空貌。《楚辭·九辯》：『泬寥兮天高而氣清。』又，《集韻》『古穴切』，與『潏』同，水名，《水經》作『沈水』，顔師古《漢書註》：『泬即今沈水。本作泬，與沈相似，因名沈水。』」

汶　又有小泰山，在朱虛縣，汝水所出。謹按：前「汶」字註引《水經》「汶水出朱虛縣泰山」，酈道元註：「汶水出縣東西峿山，山在小泰山東。」據此，「汝」字謹改「汶」字。

六畫

洄　《爾雅·釋訓》：「洄洄，惛也。」註：「洄本作禰。」謹照原文，「本作禰」，改「或作禰」。

洋　《山海經》：「邽山，蒙水出焉，南流注于洋。」謹照原文，「蒙」改「濛」，「洋」下增「水」字。

洎 《周禮·秋官·士師》：「祀五帝則沃尸。」註：「謂增其沃汁。」 謹按：原註因有「及王盥洎鑊水」句，故云「增其沃汁」，正釋「洎」字也。謹增入「及王盥洎鑊水」六字。

洒 《禮·内則》：「屑桂爲薑，以洒諸上而鹽之。」 謹照原文，「爲薑」改「與薑」。

洗 《史記·高帝紀》：「使兩女子洗。」 謹照原文，「高帝」改「高祖」，「洗」字下增「足」字。

洟 《呂氏春秋》：「謂之大理，又名之曰温洟之澤。」 謹照原文，「理」改「陸」，「温」改「漚」。

洭 《集韻》本作「滙」，隸省作「洭」，《漢書》作「洭」。 謹按：《漢書》作「滙」不作「洭」，「洭」改「滙」。

注 《史記·樂書》："常得神馬，渥洼水中。"謹照原文，"常"改"嘗"。

洽 《後漢·杜林傳》："京師士大夫咸推其溥洽。"謹照原文，"溥"改"博"。

派 《博雅》："水自分出爲派。"謹照原文，"分"改"汾"。

七畫

浙 《史記·昭王本紀》："至錢塘，臨浙江。"謹照原文，"《昭王本紀》"改"《秦始皇紀》"。

浚 揚子《方言》："稟、浚，敬也。秦晉閒曰稟，齊曰敬。"謹照原文，"曰敬"改"曰浚"。

《書·大禹謨》："夙夜浚明有家。"謹照原書，"《大禹謨》"改"《皋陶謨》"。

浜 李翊《俗呼小録》："絶横斷港謂之浜。"謹照原文，"横"改"潢"。

浡 木華《海賦》：「大綱浡潏。」 謹照原文，「大綱」改「天綱」。

浥 《前漢・司馬相如傳》：「踰彼趨浥。」 謹照原文，「踰彼」改「踰波」。

浩 《書・舜典》：「浩浩滔天。」 謹照原書，「《舜典》」改「《堯典》」。

浮 《詩・大雅》：「烝之浮之。」〔五〕 謹照原書，改「烝之浮浮。」

涚 《周禮・冬官・考工記》：「㡛人湅絲，以涚水漚其絲七日。」 謹照原文，「㡛人」改「㡛氏」。

八畫

涪 《水經註》：「涪水出廣漢屬國刪氏游徼外。」 謹照原文，「刪」改「剛」，「游」改「道」。

液

《説文》：「盡也」，「盡，氣液也。」　謹按：二「盡」字皆「盡」字之譌。「盡」，氣液也，見《説文・血部》。兩「盡」字㚘改「盡」。

涾

《玉篇》：「本作濕，今作涾。」　謹照原文，「濕」改「涓」。

《集韻》：「與涓同，隸作涾。」　謹按：「涓」字當改「洄」，互見本部七畫「洄」字註。

涽

《荀子・賦論》：「涽涽淑淑。」　謹照原書，改「《賦篇》」。

淄

通作菑。《周禮・夏官・職方氏》：「幽州，其浸菑。」　謹照原文，「菑」下增「時」字。

淡

《列子・殷湯篇》：「淡淡焉，若有物存。」　謹照原書，改「《湯問篇》」。

淫

星記失次亦曰淫。《左傳・襄二十八年》：「歲在星記而淫于玄枵。」　謹按：傳所言者，歲星也。「星記」改爲「歲星」。「歲在星記」之「記」，照原文改「紀」。

《周禮・冬官・考工記》：「㡃人湅帛，涅之以蜃。」　謹照原文，「人」改「氏」。

清

《齊風》：「美目清矣。」[六]　謹照原文，「矣」改「兮」。

淹

《禮・儒行》：「淹之以好樂。」　謹照原文，「好樂」改「樂好」。

又通作奄。《前漢・郊祀歌》：「神淹留。」　謹照原文，「淹留」改「奄留」。

九畫

渚

《詩・召南・江有渚》傳：「水岐曰渚。」　謹照原文，「曰渚」改「成渚」。

《韓詩外傳》：「一溢一否曰渚。」　謹按：此《韓詩章句》，非《韓詩外傳》。今改爲「釋文引《韓詩》」。

減

又姓。《前漢・酷吏傳》「減宣」。　謹按：《漢書》作「咸」，《史記》作「減」。「《前漢》」謹改「《史記》」。

温 《易乾度》：「王者有盛德之應，則洛水先温，故號温洛。」 謹按：《太平御覽》引此作「《乾鑿度》」，今據增「鑿」字。

渭 《説文》：「水出隴西首陽謂首亭南谷。」 謹照原文，「謂」改「渭」。

游 《禮・少儀》：「少依于德，游於藝。」 謹照原文，「少」改「士」，「于」改「於」。

涾 又姓。《左傳》有「省竈」。 謹據《襄三十一年左傳》原文，「省竈」改「涾竈」。

湀 《爾雅・釋水》：「湀闢，荒川。」 謹照原文，「荒川」改「流川」。

湊 《史記・滑稽傳》：「楩楓、橡樟爲題湊。」 謹照原文，「楩楓」改「楩楓」。

湏 《説文》：「古文沬字。」 謹按：「沬」字當改「沬」，互詳本部五畫「沬」字註。

湔

《戰國策》：「汙明見春申君曰：『君獨無意湔祓。』」 謹照原文，「湔祓」下增「僕也」二字。

湯

《楚辭・九歌》：「浴蘭湯兮沐芳華。」 謹按：原文「華」字屬下爲句，不連「芳」讀，謹省「華」字。

十畫

潲

《廣韻》《集韻》《韻會》《正韻》𠀤七肖切，音陗，潲㴋，淩波也。 謹照原文，「淩波」改「峭波」。

準

《周禮・冬官・考工記》：「準之然後量之。」註：「謂準擊平正之也。」 謹按：「註」係上句「權之然後準之」之註，謹將「準之然後量之」句改爲「權之然後準之」。

溗

《廣韻》《集韻》𠀤音繩，波前後相淩也。 謹照原文，「淩」改「凌」。

溞

《爾雅・釋訓》疏：「《詩・大雅》『淅之溞溞』。〔七〕傳：『釋，淅米也。』」　謹照原文，「淅之」改「釋之」。

溢

《韻補》叶子既切，音意。　謹照《韻補》原文，「子既切」改「於既切」。

溱

《說文》：「水出桂陽臨武，入淮。」　謹照原文，「入淮」改「入匯」。

溷

《禮・少儀》：「君子不食溷餘。」註：「謂犬豕之屬食米穀者也。」　謹按：《少儀》原文「君子不食圂腴」，「圂」字無水旁，「腴」亦不作「餘」。查《儀禮・既夕禮》鄭註，「圂」作「溷」，今改爲：「與圂通。《禮・少儀》：『君子不食圂腴。』《儀禮・既夕禮》鄭註『圂』作『溷』。」

溼

《說文》：「幽溼也。从水，一所以覆也。覆而有土，故溼也。」　謹照《繫傳》原文，「覆而有土」改「覆土而有水」。

湏　《爾雅·釋地》：「陂下者曰溼。」　謹照原文，省「陂」字。

司馬相如《子虛賦》：「文成顛歌。」　謹照原文，「《子虛賦》」改「《上林賦》」。

滎　《書·禹貢》：「滎波既道。」　謹照原文，「既道」改「既豬」。

滔　《淮南子·地形訓》：「南戎州曰滔土。」　謹照原文，「南」上增「西」字。

十一畫

滫　《荀子·勸學篇》：「蘭根與白芷，漸之滫中。」　謹按：此出《史記·三王世家》，非《荀子·勸學篇》文。今改「《荀子·勸學篇》」爲「《史記·三王世家》」。

漘　《詩·王風》：「在河之漘。」〔八〕疏引《爾雅》云：「夷上灑下曰漘。」　謹照原文，「灑下」改「洒下」，「曰漘」改「不漘」。

漠

《前漢・衛青傳》：「軍絶幕。」註：「幕，漫也。」 謹按：「沙幕」之「幕」訓爲「漫」，出《文選・嘯賦》註，不出《前漢書》註。今改：「《文選・嘯賦》註：『沙土曰幕。幕，漫也。』」

漢

《史記・天官書》：「漢者，六金之散氣。」 謹照原文，「六」改「亦」。

漣

《郡縣志》：「沐水，俗名漣水。」 謹照原文，「沐」改「沭」。

漫

《尚書大傳》：「卿雲爛兮，體漫漫兮。」 謹照原文，「體」改「禮」。

漬

《禮・曲禮》：「四足曰漬。」註：「漬謂相瀸汙而死。」 謹照原文，「汙」改「汚」。

漳

《韻會》：「唐拆福州西南境，置漳州。」 謹照原文，「拆」改「析」。

漸

通作蔪。《書・禹貢》：「草木漸包。」傳：「如字。本又作蔪。」 謹照原書，「傳」字改

「釋文」。

漼　《詩·小雅》：「有漼者淵。」〔九〕或作「萃」。　謹按：「漼」字無通「萃」。據《集韻》，「萃」改「滜」。

漾　《說文》：「水出隴西氐道。」　謹照原文，「氐」改「柏」。

十二畫

潎　潘岳《秋興賦》：「翫游儵之潎潎。」　謹照原文，「游儵」改「游鯈」。

潗　木華《海賦》：「澒濘潗㵳。」　謹照原文，「澒」改「濵」。

潭　《說文》：「水出武陵潭成玉山。」　謹照原文，「潭」改「鐔」。

澺　焦氏《易林》：「黃落噎鬱。」　謹照原文，「噎」改「澺」。

洕

《廣韻》《集韻》：「水激也。一曰汎潘，以食豕。」 謹照原文，「豕」改「豕」。

潼

潘岳《西征賦》：「愬黄卷以濟潼。」 謹按：《文選》註：「車駕東行到黄巷亭。」「卷」改「巷」。

澅

《前漢・功臣表》：「澅清侯參。」索隱：「澅音獲。」 謹按：《漢書》無索隱，謹照原書，改爲「顔註」。

澌

與「澌」别。「澌」爲流水之「澌」，俗誤作「澌」。 謹按：《説文》：「澌，流冰也。」「流水」改「流冰」。

十三畫

澡

《説文》：「王飾如冰藻之文。或从水作澡。」 謹照原文，「冰藻」改「水藻」。

澧　《列子·殷湯篇》：「甘露降，澧泉涌。」　謹照原書，改「《湯問篇》」。

澬　《說文》：「久雨涔澬也。一曰水名，在邵陵。」本作資。　謹按：《說文》無「在邵陵」三字，謹照原文省去。

澹　宋玉《高唐賦》：「水淡淡而盤紆。」　謹照原文，「淡淡」改「澹澹」。

激　《楚辭·九歌》：「宮庭震驚，發激楚些。」　謹照原書，「《九歌》」改「《招魂》」。

㵗　木華《海賦》：「湏濘潗㵗。」〔一〇〕　謹照原文，「湏濘」改「湏濘」。

濊　《詩·衛風》：「施罟濊濊。」〔一一〕　謹照原文，「罟」改「罛」。

十四畫

濛　又，水名。《山海經》：「濛水出漢陽西入江。」　謹按：《水經·江水》註引《山海經》：「蒙水出漢陽西入江。」「蒙」字無水旁，不當引入「濛」字下。今據改爲：「《山海經》：『邽山，濛水出焉，南流，注於洋水。』」

濩　揚雄《甘泉賦》：「姻娟蠖濩之中。」　謹照原文，「姻娟」改「蜵蜎」。

濫　《禮·樂記》：「竹聲濫以立會。」　謹照原文，「以」上增「濫」字。《禮·内則》「醷濫」註：「以諸和水也。」揚子《方言》：「紀、莒之閒名諸爲濫。」　謹按：「紀、莒之閒」二句，出《内則》註，不出《方言》。　謹照原文，改：「《禮·内則》：『漿水醷濫。』鄭註：『濫以諸和水也。紀、莒之閒名諸爲濫。』」

濬　《書·堯典》：「封十有二山，濬川。」　謹照原書，「《堯典》」改「《舜典》」。

濱　古文「𩔊」。謹按：「𣥺」，古「涉」字，中从「☵」，今「濱」下引古文「𩔊」字，應照古「涉」字改偏旁爲「頻」。

十五畫

瀆　《爾雅·釋水》：「江、湖、淮、濟爲四瀆。」謹照原文，「江、湖」改「江、河」。

瀉　瀉水也。《周禮·冬官·考工記》：「以澮瀉水。」謝靈運詩：「石磴瀉紅泉。」謹按：《周禮》原文作「寫」，無水旁，且「以澮寫水」係《地官·稻人》文，非《考工記》。謹改爲：「謝靈運詩：『石磴瀉紅泉。』或作『寫』。《周禮·稻人》：『以澮寫水。』」

十七畫

瀳　《説文》：「水至也。《易·坎卦》：『水瀳至。』」《石經》作「洊」。謹按：《説文》「瀳」字註，未引《易》文作「瀳」，不得徑稱《易·坎卦》「水瀳至」。《集韻》云：「瀳，或作洊。」謹改爲：「瀳或作洊。《易·坎卦》：『水洊至。』」

瀵

《列子·殷湯篇》：「終北國有山名壺領。」謹照原書，改「《湯問篇》」。

瀼

《前漢·溝洫志》：「杜欽曰：『屯民河羨溢，有填淤反瀼之害。』」謹照原文，「屯民河羨溢」改爲「來春必羨溢」。

瀓

左思《蜀都賦》：「瀓流十二，同源異口。」謹照原文，「《蜀都賦》」改「《魏都賦》」。

《字典·巳集·中》考證》目録

《字典·巳集·中》考證

火部

三畫

災

《書·堯典》：「眚災肆赦。」謹照原書，「《堯典》」改「《舜典》」。

四畫

炎

《列子·殷湯篇》：「楚之南有炎人之國。」謹照原書，改「《湯問篇》」。

五畫

炮

《齊民要術·蒸缹法》：「有胡炮肉。」註：「炮，著教反。」謹照原文，「著教反」改「普教反」。

炰 左思《魏都賦》：「克翦方命，吞滅咆烋。雲徹叛換，度捲虔劉。」謹照原文，「度捲」改「席捲」。

六畫

烄 《玉篇》：「交木然之，以燎柴天也。」謹照《五音篇海·火部》載《玉篇》，原文「柴天」改「祭天」。

烆 《篇海》：「尹庚切。音行。」謹照原文，「尹庚切」改「户庚切」。

烝 《爾雅·釋天》：「冬祭于烝。」謹照原文，「于烝」改「曰烝」。

七畫

烹 《詩·小雅》：「或剥或烹，或肆或蹌。」〔一二〕謹照原文，「或蹌」改「或將」。

烶

王延壽《魯靈光殿賦》：「丹桂歙赩而電烶。」　謹照原文，「丹桂」改「丹柱」。

焌

《周禮・春官・華氏》註：「康成謂讀如弋鐏之鐏。」　謹照原文，「弋鐏」改「戈鐏」。

八畫

焞

《左傳・僖五年》：「鶉之賁賁，天策焞焞。」註：「天策，傳説星。」　謹照原文，「傳説」改「傅説」。

焮

《左傳・昭十七年》：「司馬司寇列居火道，行火所焮。」　謹照原文，「《十七年》」改「《十八年》」。

然

《管子・弟子職》：「蒸閒容蒸，然者處下。」趙用賢曰：「古者，束薪蒸以爲燭。蒸，細薪也。稍寬其束，使其蒸閒可各容一蒸，以通火氣。又使已然者居上，未然者居下，則火易然也。」　謹按：《管子》卷首有「按」字者，皆劉績語，非趙用賢語。謹據《凡例》，將「趙用賢曰」四字改爲「劉績曰」。按：又「已然者居上」二句，係釋「然者居下」之義。蓋火性炎上，故使已然者居下，未然者居上，則火易然也。謹按文義，將「已然」句「上」字改爲「下」字，「未然」句「下」字改爲「上」字。

煑

煑棗，地名。《戰國策》：「秦懼，遽効煑棗。」註：「屬濟陰宛司。」　謹按：《續漢書郡國志》：「濟陰郡宛句有煑棗城。」「宛司」改「宛句」。

煪

《玉篇》：「熮也。同酋。」　謹照原文，「酋」改「⿱酋灬」。

十畫

⿰⿳士冖火殳

《廣韻》本作⿰⿳士冖赤殳，曰出赤貌。　謹照原文，「曰」改「日」。

熒

《後漢·靈帝紀》：「遂熒光行數里。」　謹照原文，「遂」改「逐」。

十一畫

熯 《管子·伯形篇》：「楚人攻宋、鄭，燒炳熯焚鄭地。」〔一三〕 謹按：「炳」字在本部八畫。「炳」改「焫」。

十二畫

燕 《齊語》：「昔先君之處事也，使就閒燕。」 謹照原文，「先君」改「聖王」，「處事」改「處士」。

十三畫

燙 《篇海》：「從郎切。音唐。」 謹按：「從郎切」不音「唐」。謹照原文，改「徒郎切」。

燠 《前漢·王褒傳》：「不若盛暑之鬱燠。」 謹照原文，「不若」改「不苦」。

燣 《廣韻》《集韻》𠀤盧惑切，音壈。 謹按：「盧惑切」不音「壈」。謹照原文，改「盧感切」。

燧

《周禮·冬官·考工記·輈人》："金錫半，謂之鑒燧之齊。"謹按：所引係攻金之事，與《輈人》無涉。謹照原文，"輈人"改"金有六齊"。

燭

《史記·三皇紀》："自人王以後，有五龍氏、燧人氏。"謹照原文，"人王"改"人皇"。

《前漢·武帝紀》："見光集於雲檀，一夜三燭。"謹照原文，"雲檀"改"靈壇"。

十四畫

燻

《列子·殷湯篇》："燻則煙上。"謹照原書，改"《湯問篇》"。

爪部

四畫

爭

《禮·曲禮》："非理不決。"謹照原文，"非理"改"非禮"。

十四畫

爵

《詩・小雅》：「酌彼康爵。」〔一四〕箋：「康，虛也。」又《禮・投壺》：「正爵既行，請立馬。」又《射義》：「發彼有的，以祈爾爵。」 謹按：「發彼有的」亦係引《小雅・賓〔之初〕筵》詩，應在「酌彼康爵」之上。《射義》亦屬引《詩》，應以《詩》爲主。謹改爲「《詩・小雅》：「發彼有的，以祈爾爵。」又，「酌彼康爵。」鄭箋：「康，虛也。」又《禮記・投壺》：「正爵既行，請立馬。」

蘇軾《補龍山文》：「宰夫揚觶，兕觥舉罰。請歌相鼠，以侑此爵。」〔一五〕註：「罰，房六反。」 謹照原文，「房六反」改「房穴反」。

父部

父

《廣韻》：「漢複姓三氏：孔子弟子宰父黑，漢主父偃，《左傳》宋之公族皇父充石，漢初王父鸞。改『父』爲『甫』。」〔一六〕 謹照《廣韻》原文，「王父」改「皇父」。

六畫

爹

《廣韻》：「爹，父也。」　謹照原書，「《廣韻》」改「《廣雅》」。

爻部

七畫

爽

《周語》：「晉君爽二。」　謹照原文，「晉君」改「晉侯」。

老子《道德經》：「五味令人口爽，馳獵田騁令人心發狂。」　謹照原文，「馳獵田騁」改「馳騁田獵」。

十畫

爾

《儀禮・少牢饋食禮》：「上佐食，爾上敦黍于筵上右。」註：「爾，近也。或曰移也。右之，便尸食也。」　謹照原文，「上右」下增「之」字。

爿部

十三畫

牆

《前漢・司馬遷傳》：「幽于圜牆之中。」師古註：「園牆，獄也。」　謹照原文，「園」改「圜」。

片部

十畫

牓

《集韻》：「舖郎切。」　謹照原文，「舖」改「鋪」。

十一畫

牘

《正字通》：「與牐同。楊慎曰：牍牘堰在舒城縣。」牘、閘炑同。《元史》作「牐」。

謹照原文，「牍」改「槽」。

《〈字典·巳集·下〉考證》目録[一七]

《字典·巳集·下》考證

牛部

牛

天牛，蟲名。《爾雅·釋蟲》：「壤齧桑。」註：「似天牛。」　謹照原文，「壤」改「蠰」。

又叶音奚。《詩·小雅》：「我任我輦，我車我牛。」〔一八〕叶下「哉」，「哉」讀「將黎反」。

謹按：「牛」與「奚」不同母，「牛」字不得叶音「奚」。　謹照字母，「叶音奚」改「叶音疑」。

二畫

牝

《集韻》《類篇》𡚶婢善切，音㨨，亦畜母也。　謹按：《集韻》「婢善切」内有「梗」字，云木名；又有「牝」字，云畜母。故云「牝音梗」。今據改「㨨」爲「梗」。

三畫

牢

《左傳·成五年》：「同盟于蟲牢。」　謹照原文，「蟲牢」改「蟲牢」。

四畫

牧

《周禮·地官》：「牧人掌牧六畜，而阜蕃其物，以供祭祀之牲牷。」　謹照原文，「六畜」改「六牲」。

《集韻》：「莫侯切，音茂。地名。」　謹照原文，「莫侯切」改「莫候切」。

《書·禹貢》「萊夷」及《牧誓》釋文：「徐云，一音茂。」　謹按：所引《禹貢》文未全。謹照原文，改爲「萊夷作牧，釋文：『徐音目，一音茂。』」

物

《周官·春官》：「雞人掌共雞牲，辨其物。」　謹照原文，「辦」改「辨」。

班固《東都賦》：「義不及盤，殺不盡物。」　謹照原文，「義」改「樂」。

五畫

牲　班固《東都賦》：「薦三犧，效五牲，體神衹，懷百靈。」　謹照原文，「體」改「禮」。

六畫

特　《詩・小雅》：「瞻彼阪田，有菀其特。」〔一九〕箋：「菀然茂特之田。」　謹照原文，「茂特之田」，「田」改「苗」。

八畫

犃　《廣雅》：「犃、㸬、牝，雌也。」　謹照原文，「㸬」改「牸」。

犂　《後漢・安帝紀》：「攻夫犂營。」註：「夫犂，縣名，屬遼東樂國。」　謹照原文，「樂國」改「屬國」。

《書・泰誓》：「播棄犂老。」傳：「鮐背之耇，稱老。」　謹照原文，「稱」下增「犂」字。

《莊子・山木篇》：「犂然有當於人心。」音義：「犂，力牛反。」　謹按：《莊子》音義無「力牛反」之文。謹改爲：「按：《莊子・山木篇》『犂然有當於人之心』。」音義不音留。

九畫

犂《集韻》：「牛名，領上肉犦然起，如橐駞。」謹照原文，「然」改「肰」。

十畫

㹆《類篇》：「局闃切，音狊。」謹照原文，「局闃切」改「扃闃切」。

十一畫

犙《淮南子・説山訓》：「髨屯犂牛，既犐以犙。」謹照原文，「犐」改「㸰」。

十五畫

犛班固《西都賦》：「頓犀犛。」謹照原文，「頓」改「曳」。

犢《前漢・地理志》：「北海郡犢縣」、「雲中郡犢和縣」。謹照原文，「犢縣」上增

「桑」字。

十六畫

犧

《禮・禮器》：「犧尊疏布。」　謹照原文，「疏布」下增「鼏」字。

犨

《史記・高祖紀》：「南陽守齮戰犨東。」　謹照原文，「南」上增「與」字。

二十三畫

犫

《廣韻》：「陳有惡人焉，曰敦洽犫，狹顙廣額，顏色如漆。陳侯悅之。」　謹按：《廣韻》係引《呂覽》之文，當以《呂覽》〔二〇〕爲據。今照原書，「《廣韻》」改「《呂覽》」，竝照原文，「敦洽犫」下增「麋」字。

犬部

二畫

犰

《山海經》：「餘峩之山有獸焉，見人則眠，名曰犰狳。其鳴白訆。」　謹照原文，「訆」改「訆」。

三畫

犴

《正字通》：「陸佃曰：　黑喙善守，故字從干。干，扞也。」　謹按：「黑喙」云云，出陸佃《埤雅》。「仙」改「佃」。

《史記·梁平王世家》：「睢陽人類犴反者。」　謹照原文，「平王」改「孝王」。

四畫

狃

《爾雅·釋言》：「狃，復也。」註：「狃伏，復爲。」疏：「狃伏，前事復爲也。」　《左傳·桓十三年》：「莫敖狃于蒲騷之役。」杜註：「狃，伏也。狃伏，串習之義。」　謹照原文，四「伏」字㕁改「忕」。

狄

《小爾雅》：「狃，忕也。」　謹照原文，「忕」改「伏」。

五畫

《左傳·襄十年》：「狄虒彌大車之輪。」　謹照原文，「大」上增「建」字。

狋

《前漢·東方朔傳》「狋呼牙」。又《前漢·東方朔傳》「狋呼牙」註。　謹照原文，兩「呼」字㕁改「吽」。

狌

《爾雅·釋獸》註：「《王會》曰：『都郭狌狌，欺羽狌狌，若黃狗，人面，能言。』」　謹照原文，「註」改「疏」。

狍

《山海經》：「鉤吾之山有獸焉，名曰狍鴞，是食人。」註郭曰：「爲物貪惏，食人未盡，還害其身。」　謹照原書，「註郭」改「郭註」。

狎

《説文》：「大可習也。从犬，甲聲。」　謹照原文，「大」字改「犬」字。

狙

《前漢・宣帝紀》：「騁狙詐之兵。」註：「應劭曰：『狙，伺也，若蛆反。』」　謹按：《宣帝紀》無此文。謹照原文，「《宣帝紀》」改「《諸侯王表》」。「若蛆反」改「音若蛆」。

六畫

狡

《山海經》：「玉山有獸，名曰狡，見則其國犬穰。」　謹照原文，「犬穰」改「大穰」。

狭

《山海經》云：「耿山有獸。」　謹照原文，「耿」改「耿」。

按：今《山海〔經〕・東山經》作「朱儒」。　謹照原文，「儒」改「獳」。

狢

《廣韻》：「戈支切。」　謹照原文，「戈」改「弋」。

狪

《山海經》：「泰山有獸名曰狪。狪，其名自訆。」　謹照《山海經》之例，「其名」改「其嗚」，「訆」改「訆」。

七畫

狸 《玉篇》：「似貓。」 謹照原文，「貓」改「貓」。

八畫

猤 《集韻》：「狓猤，大名。」 謹照原文，「大」改「犬」。

猋 《爾雅·釋草》：「猋、藨，芀。」疏：「芀，一名猋，又名藨。」 謹照原文，兩「藨」字竝改「藨」。

猓 《廣韻》《集韻》竝五火切，音果。 謹照原文，「五火切」改「古火切」。

猕 本作「㺯」，或作「猕」，詳「獼」字註。 謹照「猕」字註，「㺯」字、「獼」字竝改「猕」。

九畫

猱

《埤雅》：「狨一名猱。」謹照原文，「狨」改「狘」。

十一畫

猶

《詩・衛風》：「尚愼旃哉，猶來無止。」〔二一〕謹照原文，「《衛風》」改「《魏風》」。

獝

《集韻》：「擿、特，雄也。」謹照原文，「擿」改「獝」。

十二畫

獘

《爾雅・釋木》：「木自獘，神。」謹照原文，「神」改「柛」。

獡

《説文》：「犬獡獡而附人也。」謹照原文，「而附人」改「不附人」。

十三畫

獊　《集韻》或作「狭猪」。　謹照原文，「狭猪」改「狭猎」。

十四畫

獮　《周禮·春官·小宗伯》：「獮之日涖卜來歲之戒。」　謹按：「獮之日」二句，在《肆師》下，《小宗伯》謹改《肆師》。

獳　《山海經》：「耿山有獸，名曰朱獳，其鳴自叫，見則其國有兵。」　謹照原文，「有兵」改「有恐」。

十五畫

獵　《前漢·宣帝紀》：「太僕以軨獵車奉迎曏孫。」　謹照原文，「曏孫」改「曾孫」。

【校注】

〔一〕見《小雅·南有嘉魚》。

〔二〕見《秦風·終南》。

〔三〕見《小雅·伐木》。

〔四〕見《山海經·西山經》。

〔五〕見《大雅·生民》。

〔六〕見《齊風·猗嗟》。

〔七〕今《大雅·生民》作「釋之叟叟」。

〔八〕見《王風·葛藟》。

〔九〕見《小雅·小弁》。

〔一〇〕互見「潗」字條。

〔一一〕見《衛風·碩人》。

〔一二〕見《小雅·楚茨》。「烹」本作「亨」。

〔一三〕《伯形篇》，即《霸形篇》，伯、霸通。

〔一四〕見《小雅·賓之初筵》。

〔一五〕標題原作《龍山補亡詩》。

〔一六〕《廣韻·上聲·九麌》：「又溪複姓三氏：孔子弟子有宰父黑，漢有臨菑主父偃，《左傳》宋有皇父充石，宋之公族也。漢初有皇父鸞，自魯徙居茂陵，改父爲甫。」王引之改之未盡，並如此例。

〔一七〕「考」、「下」二字當乙倒。

〔一八〕見《小雅・黍苗》。

〔一九〕見《小雅・正月》。

〔二〇〕見《呂氏春秋・遇合》，王引之改之未盡。

〔二一〕見《魏風・陟岵》。

午集

《〈字典・午集・上〉考證》目録

《字典·午集·上》考證

玉部

玉

《爾雅·釋天》：「時和謂之玉燭。」　謹照原文，「時」字上增「四」字。

《左傳·哀十二年》：「宋、鄭之間有隙地焉，曰彌作、頃丘、玉暢、嵒、戈、鍚。」　謹照原文，「鍚」改「錫」。

又蟲名。《爾雅·釋蟲》：「玉，蛈蝪。」註：「即蛭蟷，似鼅鼄，在穴中，有蓋，今河北人呼蛈蝪。」　謹按：《爾雅》原文作「王蛈蝪」，誤引入「玉」字下。謹將「又蟲名」三字省去，以《爾雅·釋蟲》至「呼蛈蝪」二十六字，移入下條「王」字註「又蟲名」下。

王

《爾雅·釋親》：「父之母曰王母。」　謹照原文，改「父之妣爲王母」。

《周禮·冬官·考工記》「王弓」註：「往體寡，來體多，曰王。」謹照原文，改：「《弓人》：『往體寡，來體多，謂之玉弓之屬。』」又蟲名。《爾雅·釋蟲》：「虎王，蜎也。」謹於「又蟲名。《爾雅·釋蟲》下」增「『王蛈蝪』註：『即螲蟷，似鼅鼄，在穴中，有蓋，今河北人呼蛈蝪』」二十二字。又按：「虎王，蜎也」，非《爾雅》文，查係《博雅》，謹照原書，增《博雅》二字。

三畫

玗

《廣韻》《集韻》《韻會》《正韻》炌于放切，徨去聲，霸王。謹按：「王」，于放切。「徨」，胡光切。「王」，非「徨」之去聲。今將「徨去聲霸王」五字，改爲「音旺，霸王也」。

《列子·殷湯篇》謹照原書，改《湯問篇》。

四畫

玠

《說文》：「大圭也。」引《書·顧命》：「稱奉玠玉。」謹照原文，「玠玉」改「玠圭」。

玤

《左傳·僖二十八年》：「楚子自爲瓊弁玉纓。」謹按：原文作「楚子玉」，「楚」字可省，「玉」字不可省，謹改「楚子」爲「子玉」。

五畫

珈

《詩·衛風》：「副笄六珈。」〔一〕　謹照原文，「《衛風》」改爲「《鄘風》」。傳：「珈笄，飾之最盛者，所以别尊卑。副笄，既笄而加飾也。」　謹按：「既笄」句，乃箋文，非傳文，謹照原文，「副」上增「箋」字。孔氏曰：「珈，加也。」　謹按：原文無下「珈加也」三字，謹省。由副既笄而加此飾，故謂之珈。　謹按：原文「由副」上有「謂之珈者」四字，謹增。

珊

漢趙陀謂之火樹，是也。　謹照《本草》原文，「趙陀」改「趙佗」。

珍

《後漢·班固傳》：「聖主乃握乾符闡坤珍。」　謹照原文，「聖主」改「聖皇」。

六畫

珝

《玉篇》：「《吴志》有薛琮，字珝。」　謹查《吴志》有薛綜，無薛琮，綜子珝官至威南將軍，非琮字翊也。《玉篇》原文已誤，謹據《吴志》「琮」改「綜」，「字」改「子」。

班

又姓。《風俗通》：「楚令尹鬬班之後。」謹照《廣韻》所引《風俗通》，「鬬班」改「鬭班」。

七畫

琀

《周禮·春官·典瑞》「共含玉」註：「含玉柱左右顚及在口中者。」謹照原文，「顚」改「顛」。按：「顛」與「巔」同。

琁

《荀子·成相篇》：「琁玉瑶珠不知佩也。」謹按：所引出《賦篇》，不出《成相篇》，謹改爲「《荀卿子·賦篇》」。

琨

《集韻》《韻會》《正會》：「訛胡切。」謹照原書，「正會」改「《正韻》」。

理

《周語》：「行理以節逆之。」《周禮·地官·小行人》孔晁註：「亦作李。」謹按：

《周禮・小行人》註無孔晁作「李」之文，孔晁乃註《國語》者。「小行人」三字，亦賈逵《國語註》文。今照《僖三十年左傳》疏所引《周語註》，改爲：「賈逵註：『小行人也。』孔晁註：『亦作李。』」

八畫

琚 別以珠貫下，繫於橫，而交貫於瑀。 謹按《詩疏》文義，「橫」改「璜」。

琜 《說文》本作「䤚」，瓄玉也。 謹照原文，於「䤚」字下增「䤚」字。

琥 《周禮・春官》：「以白琥禮西方。」註：「爲虎形，虎猛象秋聲。」 謹照原文，「聲」改「嚴」。

琫 《說文》：「佩刀下飾。」 謹照原文，「下」改「上」。

琮 《周禮・春官》：「黃琮禮地。」 謹照原文，「黃琮」上增「以」字。

琱

《荀子·禮論篇》：「錭刻，黼黻文章，以塞其目。」〔二〕　謹按：所引「錭刻、黼黻」二句，在《富國篇》，不在《禮論篇》。　謹照改「《富國篇》」。

琴

《山海經》：「赤水之西，有先民之國，有芒山，有桂山，有瑶山。」　謹照原文，「瑶山」改「榣山」。

九畫

瑀

《月令章句》曰：「佩上有雙衡。」　謹照原文，「衡」改「衡」。

瑄

《説文》：「通作宣。」　謹按：《説文》無此語，查係《集韻》「宣」字註。　謹將「《説文》」改爲「《集韻》」。

瑋

張華《鷦鷯賦》：「提絜萬里，飄飄逼畏。」　謹照原文，「絜」改「挈」。

瑒

《周語》：「玉鬯往獻。」 謹照原文，「玉」字上增「奉」字。

瑕

又與「遐」通。《禮・表記》引《詩・小雅》：「瑕不謂矣。」瑕之爲言何也。 謹照原文，改：「註：『瑕之言胡也。』」

瑗

《說文》：「大孔璧，人君上除陛，以璧瑗相引。」 謹照原文，省「璧瑗」二字。

十畫

瑞

《周禮・春官》：「玉作六瑞，以等邦國。」 謹照原文，「玉」字上增「以」字。

瑱

《後漢・班固傳》：「雕玉瑱以所楹，裁金璧以飾璫。」〔三〕 謹照原文，「所」改「居」。

十一畫

瑿

《集韻》：「煙奚切，音兮。」 謹按：「兮」字屬匣母，「煙」字屬影母，「煙奚切」不得音

「兮」。今據《集韻》，「兮」改「鷖」。

璆

《前漢・刑法志》：「璆磬金鼓。」 謹按：《刑法志》無此文，所引見《禮・樂志》。謹改爲「《禮樂志》」。

十二畫

璠

《説文》：「璵璠，魯之寶玉。孔子曰：『美哉璠璵。』」 謹照原文，「璠璵」改「璵璠」。

《左傳・定五年》：「陽虎將璵璠斂。」 謹照原文，「將」字下增「以」字。

十三畫

璨

孫綽《遊天台山賦》：「琪樹璨璀而垂珠。」 謹照《文選》，「璨璀」改「璀璨」。

環

《禮・經解》：「行則有環佩之聲。」 謹照原文，「行」字下增「步」字。

《周禮・冬官・考工記》：「畫繢火似圜。」 謹照原文，「似圜」改「以圜」。

十四畫

璽

《周禮・地官・司市》：「凡通貨賄，以璽節出入之。」註：「璽節，印章，如今斗撿封矣。」 謹照原文，「撿」改「檢」。

十八畫

瓘

《左傳・昭十七年》「鄭裨竈曰」。 謹照原文，「裨」改「裨」。

瓜部

瓜

《廣雅》：「龍蹄、獸掌、羊駭、兔頭、桂髓、蜜筩、小青、大班皆瓜名也。」 謹照原文，「駭」改「骹」，「髓」改「支」，「小青大班」改「瓞瓝貍頭」，「瓜名」改「瓜屬」。

六畫

瓠

《列子·殷湯篇》 謹照原書，改「《湯問篇》」。

瓦部

八畫

甀

《列子·殷湯篇》 謹照原文，改「《湯問篇》」。

瓶

《左傳·襄十六年》：「衛孫蒯田于曹隧。」 謹照原文，「《十六年》」改「《十七年》」。

九畫

甋

《集韻》：「一曰瓦薄也。或省。」 謹按：下文「《類篇》『或作瓰』」，即謂「或省」也，不得上下重複，謹去「或省」二字，而於「《類篇》」上增《集韻》二字。

甄

《吴志》：「孫堅入洛，屯軍城南，甄宫井上，旦有五色氣。」　謹照《吴志·孫堅傳》註原文，「甄宫」改「甄官」。

《文選·張華〈女箴〉》云：「散氣流形，既陶既甄，在帝句羲，肇經天人。」　按：《女箴》在三國以後。　謹按：原文作《女史箴》，此註兩引《女箴》中㚔增入「史」字。「在帝句羲」，照原文改「在帝包羲」。

十二畫

甑

《史記·項羽紀》：「皆乘船，破斧甑。」　謹照原文，「乘船」改「沈船」。

生部

生

韓愈《進學解》：「諸生弟子事先生於兹有年矣。」　謹按原文，無「諸生弟子」句，今改「國子先生晨入太學招諸生」。

用部

用

《左傳·襄二十五年》：「我先生賴其器用也。」　謹照原文，「賴其」下增「利」字。

二畫

甫

釋文：「甫之言大也。」　謹按：「釋文甫之言大也」，即鄭箋別本，已引鄭箋，可以不引別本。謹改爲「傳：『甫田謂天下田。』」

甬

《禮·月令》：「仲春之月，日夜分則同量度。」　謹照原文，「同量度」改「同度量」。

田部

由

《禮・祭統》：「是故隆禮由禮，謂之有方之士。」　謹照原書，「《祭統》」改「《經解》」。

《孟子》：「由由焉與之偕而不自失焉。」〔四〕　謹照原文，「由由焉」改「由由然」。

甲

《書・多方》：「甲于内亂。」　謹照原文，「甲」字上增「因」字。

《左傳・宣十五年》：「晉侯滅赤狄甲氏及留吁。」又《昭十五年》：「徐子及郯人、莒人會齊侯，盟于蒲隧，賂以甲父之鼎。」　謹照原書，「《左傳》」改「《春秋》」。「昭」字上「又」字，改爲「傳」字。　兩「《十五年》」俱照原文，改爲「《十六年》」。「晉侯」改「晉人」。《莊子・庚桑楚》：「昭景也，著戴也；甲氏也。」註：「昭、景、甲三者，皆楚同宗也。」　謹按原文，「甲氏」也下連「著封也」爲句，言昭景以戴而著，甲氏以封而著也。今按文義，謹省「著戴也」三字，「註」改爲「釋文一説」。

三畫

畂

《玉篇》：「古文畎字。」 謹照原文，「畎」改「甽」。

四畫

界

《孟子》：「固國不以封疆之界。」〔五〕 謹照原文，「固國」改「域民」。

畏

《周禮·冬官·考工記·弓人》：「夫角之中，恒當弓之畏。畏也者，必橈。」註：「畏作威。」 謹照原文，「註畏作威」改「杜子春云畏當作威」。

五畫

畝

《左傳·桓二年》：「晉穆侯之夫人姜氏以條之役生太子，名之曰仇。」 謹照原文，「名之」改爲「命之」。

班固《西都賦》：「農服先疇之畎畝。」 謹照原文，「畎」改「甽」。

六畫

畢

《禮·月令》：「田獵，置罘、羅網、畢翳。」　謹照原文，「置罘」改「罝罘」。

《左傳·僖二十三年》：「畢、原、酆、郇，文之昭也。」　謹照原文，「《二十三年》」改「《二十四年》」。

時

《前漢·郊祀志》師古註：「如種韭畦之形，於畦中各爲一土封。」又云：「祠之必於高山之下時，命曰時。是則凡土高處皆曰時也。」　謹按：師古註係杕解「畦」字。「祠之」至「曰時」十二字，係《郊祀志》正文，非註文。謹據《前漢書》原文，改爲：「《前漢·郊祀志》作『畦時』，師古註：『如種韭畦之形，於畦中各爲一土封也。』又『祠之必於高山之下時命曰時』，註：『名其祭處曰時。』」

又《哀四年》：「夏，伐晉，取邢、任、欒、鄗、逆時、陰人、盂、壺口。」　謹照原文，「夏」上增「國」字。

畧

《左傳·莊二十年》：「鄭伯享王於闕西辟，樂備。」　謹照原文，「《二十年》」改「《二十一年》」。

畦

《史記・貨殖傳》：「千畦薑韭。」註：「徐廣曰：千畦二十五畝。」駰按：「韋昭曰：畦猶壟。」」謹按：「駰」乃「駟」之譌。駟，裴駰也。謹照原文，「駰」改「駟」。

七畫

異

《周禮・地官・質人》：「賞成市之貨賄，人民、牛馬、兵器、珍異。」謹照原文，「賞」改「掌」。

畱

《左傳・襄元年》：「楚子辛救鄭，侵宋吕、畱。」註：「吕、畱二縣，合屬彭城郡。」謹據宋本、岳本，「合屬」改「今屬」。「今」者，杜預謂晉代也。《晉書・地理志》：「彭城國，漢以爲郡，内有畱縣、吕縣。」

《左傳・宣十五年》：「晉侯滅赤狄甲氏及畱吁。」謹照原文，「《左傳》」改「《春秋》」，「《十五年》」改「《十六年》」，「晉侯」改「晉人」。

八畫

䜈

《博雅》：「㡢、褺，䜂也。」釋文：「陟吕反。」　謹照原文，「䜂」改「䜈」，《博雅》有音無釋文，「釋文」改「䜈音」。

當

《晉語》：「夫幸，非福非德，不當。」　謹照原文，「當」字下增「雍」字。

《左傳・襄二十六年》：「慶封當國。」　謹照原文，「《二十六年》」改「《二十七年》」。

畚

《列子・殷湯篇》　謹照原書，改「《湯問篇》」。

十畫

畿

《左傳・襄二十六年》：「天子之地一圻。」　謹照原文，「《二十六年》」改「《二十五年》」。

疋部

七畫

疏

《周禮·天官·大冢宰》 謹照原文，省「冢」字。

《地官·稍人》：「疏材木材。」註：「凡畜聚之物，瓜瓠葵芋，禦冬之具。」 謹按：此《委人》，非《稍人》。「凡畜聚之物」，乃經文，非註文。「瓜瓠葵芋禦冬之具」乃「畜聚之物」四字之註，非「疏材」二字之註。 謹照原文，改爲：「《地官·委人》：『凡疏材木材，凡畜聚之物。』註：『疏材，艸木有實者。』」

《禮·檀弓》：「雉曰疏趾。」 謹照原書，「《檀弓》」改「《曲禮》」。

《〈字典·午集·中〉考證》目録

《字典·午集·中》考證

疒部

四畫

疳

《唐韻》：「赤口切。」謹照原文，「赤口切」改「赤占切」。

五畫

疾

《爾雅·釋鳥》：「鶅，鶹疾。」謹照原文，「鶅」改「鸐」。

七畫

痣

吳楚俗爲黑子爲誌，通呼黶黑子。謹照師古註，原文改「今中國通呼黶子，吳楚俗謂之志」。

八畫

痹　《周禮·夏官·司弓》：「恒矢痹矢，用諸散射。」　謹照原文，「司弓」下增「矢」字。

十畫

瘥　《左傳·昭十七年》：「寡君之二三臣，札瘥夭昬。」　謹照原文，「《十七年》」改「《十九年》」。

瘧　《禮·月令》：「孟夏之月，寒熱不節。」　謹照原文，「孟夏」改「孟秋」。

十一畫

瘵　《戰國策》：「上天甚明，無自瘵也。」　謹照原文，「甚明」改「甚神」。

瘺　《字彙》：「力侯切，音漏。」　謹照原文，「力侯切」改「力候切」。

瘻

《山海經》：「半石之山，合水出於其陰，多騰魚。食者不癰，可以已瘻。」謹照原文，「已瘻」改「爲瘻」。

柳宗元《捕蛇者説》：「可以已大風、拘攣、瘻癘。」謹照原文，「拘攣」改「攣踠」。

十二畫

瘤

又，《韻會》：「或作膢，通作旒。」《公羊傳・襄十六年》：「君若贅旒然。」謹照原文，兩「旈」字俱改「旒」。

十三畫

瘴

《集韻》：「餘招切，音遥。痓瘴，疾名。」又，《五音集韻》：「亦名癎也。」謹按：《集韻》本作「瘴」，字從皐聲。《五音集韻》譌作「瘴」，今爲瘴字。引出處，當引《五音集韻》，不當引《集韻》。謹改爲：「《五音集韻》：『餘昭切，音遥。痓瘴，亦名癎也。』按即『瘴』字之譌。」

癶部

七畫

發

《左傳・桓元年》：「聲名以發之。」　謹照原文，「《元年》」改「《二年》」。

《禮・王制》：「有發則命大司徒教士以軍甲。」　謹照原文，「軍甲」改「車甲」。

白部

白

《禮・明堂位》：「殷之太白。」　謹照原文，「太白」改「大白」。

四畫

皇

《爾雅・釋天》疏：「尊而君子，則稱皇天。」　謹照原文，「君子」改「君之」。

《爾雅·釋言》：「匡，正也。」　謹照原文文義，「匡」改爲「皇」。

《前漢·天文志》：「太歲十月出，名天皇。」　謹照原文，「太歲」改「歲星」。

五畫

皋

《左傳·哀二十一年》：「齊人歌曰：『魯侯之皋。』」　謹照原文，「魯侯」改「魯人」。

《左傳·襄二十五年》：「牧隰皋。」註：「皋爲澤之坎，是水岸也。」　謹照原文，「註」改「疏」。

《汲冢周書》：「文翰者若皋雞。」註：「皋雞似鳧，翼州謂之澤特。」　謹照原文，「翼州」改「冀州」。

七畫

皓

《荀子·賦論篇》　謹照原文，省「論」字。

《史記·天官書》：「歲陰在丑，星居寅，以十二年〔六〕與尾、箕辰出，曰天皓。」　謹照原文，「辰出」改爲「晨出」。

皿部

五畫

盍 《易・豫卦》：「朋盍簪。」疏：「群朋合聚而疾求也。」 謹照原文，「求」改「來」。

八畫

盟 《周禮・春官・盟詛》註：「盟詛，主於要誓。」 謹照原文，「《春官・盟詛》」改「《春官・盟祝》」。

九畫

監 《左傳・閔二年》：「君行則有守，守曰監國。」 謹照原文，省「有」字。

《史記・天官書》：「歲陰在寅，歲星居丑，正月辰出東方，名曰監德。」 謹照原文，「辰出」改「晨出」。

十一畫

盬

《集韻》：「盤五切。」　謹照原文，「盤」改「果」。

盧

《詩・大雅》：「鉤膺鏤鍚。」〔七〕箋：「眉上曰鍚。」　謹按：「鍚」〔八〕字从「昜」不从「易」，二「鍚」字竝改「鍚」。

《周禮・夏官・職方氏》：「兗州，其浸維盧。」　謹照原文，「維盧」改「盧維」。

十二畫

盩

《周禮・天官・王府》　謹照原書，「《王府》」改「《玉府》」。

目部

三畫

盲

《淮南子·泰俗訓》：「盲者目形存，而無能見也。」　謹按：「盲者」二句，見《泰族訓》。謹照原書，改「《泰族訓》」。

直

揚子《方言》：「袓謂之直衿。」註：「婦人初嫁，所著上衣直衿也。」　謹照原文，「袓」下增「飾」字，兩「衿」字𠀤改「衿」。

四畫

眂

《周禮·天官·大宰》：「王眂治朝，則贊聽政。」　謹照原文，「聽政」改「聽治」。

五畫

眑

《集韻》：「莫肇切，音密。」　謹照原文，「莫肇切」改「莫筆切」。

八畫

督

《周禮・冬官・考工記・匠人》註：「督旁之脩。」　謹照原文，「脩」改「脩」。

《左傳》：「謂篤不忘。」　謹照《僖十二年》原文，「篤」改「督」。

睥

《釋名》：「城上垣曰睥睨，言其於孔中睥睨非常也。」　謹照原文，「其於」改「於其」。

十畫

瞑

《莊子・德充符》：「據高梧而瞑。」　謹照原文，「高」改「槁」。

瞌

《淮南子・原道訓》：「所謂人者，偶瞌智故，曲巧譎詐，所以俯仰於世人，而與俗交者。」　謹照原文，「隅」改「偶」，「譎」改「僞」。

十三畫

瞻

《詩・衛風》：「瞻彼日月。」〔九〕　謹照原文，「《衛風》」改「《邶風》」。

《〈字典·午集·下〉考證》目録

《字典·午集·下》考證

石部

五畫

砎 司馬相如《上林賦》：「雌黄白坿。」謹照原文，「《上林賦》」改「《子虚賦》」。

十一畫

磬 《周禮·春官·眂瞭》：「掌凡樂擊笙磬、頌磬。」謹照原文，「笙磬頌磬」改「頌磬笙磬」。《禮·明堂位》：「搏拊王磬。」謹按：《明堂位》「拊搏」是樂器，與《虞書》「搏拊」不同。今照原文，「搏拊」改「拊搏」。

十六畫

礮　《唐書・李密傳》：「以機發石，爲攻城具，號將軍爲礮。」謹照原文，「具」改「械」，「將軍」下省「爲」字。

示部

三畫

祁　《詩・召南》：「彼之祁祁。」〔一〇〕謹照原文，「彼」改「被」。

五畫

祏　《左傳・莊十四年》：「命我先人典守宗祏。」謹照原文，「守」改「司」。

祓　《爾雅・釋詁》：「祓，福也。」註：「《詩》：『祓爾禄康矣。』」謹照原文，「爾禄」改

「禄爾」。

禔　《公羊傳・哀十四年》：「子路死，孔子曰：『天祝予！』」　謹照原文，「孔子曰」改「子曰，噫」。

六畫

票　揚雄《校獵賦》：「亶觀夫票禽之紲隃。」　謹照原文，「《校獵賦》」改「《羽獵賦》」。

八畫

禁　《周禮・鞮鞻氏》註：「西方曰株離，北方曰禁。」　謹照原文，「株離」改「侏離」。

九畫

福　《唐韻》《集韻》《韻會》𠀤「方六切」，「膚」平聲。〔一一〕　謹按：「福」係入聲字，「平」改「入」。

十畫

禡

《周禮·春官·肆師》：「凡四時之大甸獵，祭表貉，則爲位。」註：「貉，師祭也。莫駕反。」謹照原文，「莫駕反」上增「釋文」二字。

禾部

禾

《尚書傳》：「唐叔得禾，異畝同穎。」謹按：所引係《書·序》，「傳」改「序」。

三畫

季

《春秋傳·宣十六年》：「大有秊。」謹按：所引係《春秋經》，不得稱「傳」。「春秋傳宣」四字，改「《春秋·宣公》」。

五畫

秠　《詩・大雅》：「維秬維秠。」〔一二〕　謹照原文，「秠」改「秠」。

秩　《爾雅・釋訓》：「秩秩，清也。」註：「德音清泠。」　謹照原文，「泠」改「泠」。

七畫

稅　《詩・衛風》：「說于農郊。」　謹照原文，「《衛風》」改「《鄘風》」。〔一三〕

八畫

稠　束晳《補黍華詩》：「黍發稠花。」〔一四〕　謹照原文，「黍華」改「華黍」，「稠花」改「稠華」。

十畫

稹　《周禮・輪人》：「凡斬轂之道，必矩于陰陽。」　謹照原文，「于」改「其」。

稺

《詩・衛風》：「衆稺且狂。」〔一五〕　謹照原文，「《衛風》」改「《鄘風》」。

十一畫

穮

一粟而當一寸。　謹照《宋書・律志》原文，「一粟」改「十粟」。

十四畫

穫

《禮・儒行》：「不隕穫于貧賤。」註：「隕如籜之隕而飄零。」　謹照原文，「籜」改「擇」。

十七畫

穰

《詩・商頌》：「農年穰穰。」〔一六〕　謹照原文，「農年」改「豐年」。

穴部

穴

《左傳·文十一年》：「潘崇伐麇，至於錫穴。」　謹照原文，「錫」改「鍚」。

三畫

空

《前漢·地理志》：「京兆縣十二，其三曰船司空。」註：「縣名。木土船之官，遂以爲縣。」　謹照原文，「木土船」改「本主船」。

四畫

突

司馬相如《子虛賦》：「巖突洞房。」　謹照原文，「《子虛賦》」改《上林賦》。

六畫

窒

《左傳·宣十四年》：「投袂而起，屨及於窒皇。」註：「窒，寢門闕。」　謹照原註，「窒」

下增「皇」字。

八畫

窣

《釋典》：「窣堵坡。」註：「塔也。」 謹按：梵語謂「塔」爲「窣堵波」。「坡」改「波」。

窌

《海篇》：「乎孝切，音校。窌也。」 謹按：《篇海》云：「窌音校，窌也。在《周禮》也。」查《周禮·考工記》：「匠人囷窌倉，城。」釋文：「窌，劉：古孝反。」[一七]此「窌」即「窌」之譌，故云「在《周禮》也」。當依《周禮音》「古孝切」，校亦「古孝切」，故云「音校」。謹改《海篇》爲《篇海》，「乎孝切」改爲「古孝切」。

𥧌

《篇海》：「許用切，音迥。」 謹按：《篇海》：「𥧌，香仲切。」《廣韻》《集韻》：「香仲切」。皆以「趨」字爲首。「許用切，音迥」，改「香仲切，音趨」。

十一畫

窶

《詩·衛風》：「終窶且貧。」[一八] 謹照原文，「《衛風》」改「《邶風》」。

十三畫

竅

《禮·禮運》：「地秉竅於山川。」　謹照原文，「地秉」下增「陰」字。

十四畫

竆

《楚辭·九歌》：「横四海以焉竆。」　謹照原文，「以」改「兮」。

立部

六畫

竟

《禮·曲禮》：「入竟而問禁。」疏：「竟，彊首也。」　謹照孔疏原文，「彊」改「界」。

章

司馬相如《上林賦》：「楩楠豫章。」　謹照原文，「《上林賦》」改「《子虚賦》」。

九畫

端

《禮・月令》：「諸侯玄端以祭，天子玄端以朝，日于東門之外。」　謹照原文，「《月令》」改「《玉藻》」。

十四畫

競

《左傳・襄十年》：「鄭其災乎，師競已甚。」　謹照原文，「災」上增「有」字。

又，季康子曰：「敝邑有社稷之事，使肥與職競焉。」　謹按：此係《哀二十三年傳》文。謹將「又季康子曰」五字，改爲「《哀二十三年》」，「職」上增「有」字。

【校注】

〔一〕見《鄘風・君子偕老》。

〔二〕《荀子・富國》：「錭琢刻鏤，黼黻文章，以塞其目。」王引之改之未盡。

〔三〕見班固《西都賦》。

〔四〕見《公孫丑上》。

〔五〕見《公孫丑下》。

〔六〕「年」，當作「月」。

〔七〕見《大雅·韓奕》。

〔八〕「錫」字亦誤，當作「錫」。

〔九〕見《邶風·雄雉》。

〔一〇〕見《召南·采蘩》。

〔一一〕「福，膚平聲。」此爲傳統注音方法中的紐四聲法。給某字注音時，選一個跟被注字聲韵相同而調不同的字，再在此字下另注被釋字的平上去入。此法可彌補同音字注音的缺陷。福、膚聲韵同，而調不同：福，入聲；膚，平聲。故王引之改「膚入聲」。

〔一二〕見《大雅·生民》。

〔一三〕詩句見《衛風·碩人》。王氏説是《鄘風》，誤記。

〔一四〕見《文選·束廣微〈補亡詩六首〉》。

〔一五〕見《鄘風·載馳》。

〔一六〕見《商頌·烈祖》。

〔一七〕見劉昌宗《禮音》，清人馬國翰有輯佚本。

〔一八〕見《邶風·北門》。

未集

《〈字典·未集·上〉考證》目録

《字典·未集·上》考證

竹部

竹

《史記·貨殖傳》：「渭川千畝竹，其人與萬户侯等。」　謹照原文，「萬户」改「千户」。

《前漢·律曆志》：「黄帝使冷綸。」　謹照原文，「冷綸」改「泠綸」。

三畫

竿

《釋名》：「竽，汙也，其中汙空。」　謹照原文，「汗空」改「汙空」。

《禮·樂記》：「君子聽笙竽，則思畜聚之臣。」　謹照原文，「笙竽」改「竽笙」。

笹

《正韻》：「陳知切，音池，同篪。」　謹按：《集韻》：「篪音馳，同笹。箎音虎。」音義各別。今據改「篪」。

四畫

笏

《禮·玉藻》:「笏,天子以璆玉,諸侯以象。」 謹照原文,「璆玉」改「球玉」。笏度二尺有六寸,其中博二寸。 謹照原文,「博二寸」改「博三寸」。

五畫

笙

以瓠爲之,十三管,宫管在左方。 謹按:此數語出《博雅》,誤列入《釋名》語中。今於「以瓠」句上,增「《博雅·釋樂》」四字。

《白虎通》:「笙之爲言施也,牙也,萬物始施而牙,大蔟之氣也。」 謹按原文,「笙作匏上」二語,乃「匏」之訓詁,與「笙」字無涉。今據本書,改:「笙者大蔟之氣象,萬物之生,故謂之笙。」

《書·益稷謨》:「笙鏞以間。」 謹按:《益稷》不稱「謨」,「謨」改「篇」。

笛

《説文》:「樂管。亦作篴。」 謹查「篴」字入本部十一畫,从「逐」不从「遂」,今據改「篴」。

第 《史記・陳丞相世家》：「陛下第遊雲夢。」 謹照原文，「第」下增「出僞」二字。

笱 《詩・衛風》：「毋發我笱。」〔一〕 謹照原書，「《衛風》」改「《邶風》」。

笲 《禮・昏禮》：「婦執笲棗栗段脩以見。」 謹照原書，「《昏禮》」改「《昏義》」。

六畫

筂 與篪、笓同。 謹據《集韻》，「篪」改「篪」。

七畫

筓 大篪也。 謹據《集韻》，「篪」改「篪」。

筝 揚子《方言》：「車簍，南楚之外謂之篷。或省作筝。」 謹照原文，「簍」上增「枸」字。

筩

《前漢・律曆志》：「黃帝使冷綸。」　謹照原文，「冷綸」改「泠綸」。

筮

《廣韻》：「龜曰卜，蓍曰筮。巫威作筮。」　謹照原文，「巫威」改「巫咸」。

《前漢・藝文志》：「著龜家有《大筮衍易》二十八篇。」　謹按：原書係二十八卷。「篇」改「卷」。

筕

大篪也。　謹據《集韻》，「篪」改「箎」。

八畫

箄

揚子《方言》：「簍小者，南宋謂之簍，自關而西秦晉之間謂之箄。」　謹照原文，「南宋」改「南楚」。

《前漢・岑彭傳》　謹照原書，「《前漢》」改「《後漢》」。

郭景純曰：「水中箄箋也。」　謹照原文，「箋」改「筏」。

篳 賈誼《治安策》：「毋取箕篳立而誶語。」 謹照原書，改「《漢書·賈誼傳》」。

箕 《爾雅·釋天》：「箕斗之閒，漢津也。」 謹照原文，「箕斗之間」上增「析木之津」四字。

箘 《說文》：「簬，美竹，可爲矢。《書·禹貢》：『惟箘簬楛。』」 謹按：《說文》無「簬美竹可爲矢」之文。謹照原文，改「箘路也」。於「惟箘簬楛」下，補「傳美竹」三字。《呂氏春秋》：「和之美者，越簬之箘。」 謹照原文，「越簬」改「越駱」。

管 《書·益稷謨》：「下管鼗鼓。」 謹按：《益稷》不稱「謨」，「謨」改「篇」。《儀禮·大射儀》：「乃管新宮。」註：「管謂吹蕩，以播新宮之樂。」 謹照原文，「吹蕩」改「吹簜」。《周禮·春官》：「孤竹之管，絲竹之管，陰竹之管。」疏：「管如篪，六孔。」 謹照原文，「絲竹」改「孫竹」，「篪」改「篪」。

九畫

箾

揚子《方言》：「自周而東曰矢，江淮曰簇，關西曰箾。」謹據原文，「自周而東」改「自關而東」。又據《詩疏》引《方言》及聚珍板校本，「簇」改「鏃」。

箱

《說文》：「大車牡服也。」謹照原文，「牡」改「牝」。

《覲禮》：「俟于東箱。」謹照原文，「俟」上增「几」字。

箴

《前漢·藝文志》：「醫經箴石，湯火所施。」謹按原文，「醫經」字不與「箴石」相屬爲句。今照原文，改「用度箴石」。

《書·盤庚》：「猶須顧于箴言。」謹照原文，「須」改「胥」。

《爾雅·釋訓》：「一羽謂之箴，十羽謂之縳。」謹照原書，「《釋訓》」改「《釋器》」，照原文「縳」改「縛」。

篙

謪「篙」字，見《海篇》。謹按文義，「謪篙」改「篙謪」。

十畫

篗　揚子《方言》註：「所以終絲者也。」　謹照原文，「終絲」改「絡絲」。

篚　《儀禮·士冠禮》：「有篚，實。」　謹照原文，「有篚」二字爲句，「實」字屬下文，不宜連引，今省「實」字。

篙　《廣雅》：「註解謂之篙。」　謹照原文，「註」改「注」，連下四字爲句。

䈮　揚子《方言》：「篆，趙岱之間謂之䈮。」　謹照原文，「岱」改「代」。

篨　《詩·衛風》：「籧篨不鮮。」〔二〕　謹照原書，「《衛風》」改「《邶風》」。

篪　《字彙補》：「與箎同。」　謹照原文，「箎」改「篪」。

十一畫

篴

《周禮·春官》：「笙師掌教歈竽、笙、（損）〔塤〕、籥、簫、篴、管、（春）〔舂〕、牘、應、雅，以教械樂。」謹照原文，「簫」下增「篪」字，「械樂」改「祴樂」。

篾

揚子《方言》：「江沔之間謂之籅，趙岱之間謂之筥。小者，楚謂之篓，秦晉謂之箄篾。」謹照原文，「江沔之間」上增「篾」字，「籅」改「簍」，「岱」改「代」，「楚」字上增「南」字。又按：原文「秦晉謂之箄」爲句，「篾，其通語也」爲句，「篾」字不連「箄」字讀。謹省「篾」字。

簃

《正韻》：「延知切。炦音池。」謹按：「延知切」乃「移」字之音，非「池」字之音。今將「《正韻》延知切」五字，移於上文「炦音移」上。

篷

《左傳·昭十一年》：「泉邱人有女，夢以其帷幙孟氏之廟，遂奔僖子，僖子使助薳氏之篷。」謹照原文，「帷幙」改「帷幕」。

篹

《詩傳》：「四篹：黍、稷、稻、粱。」　謹照原文，「稻粱」改「稻粱」。

《史記・太史公自序》：「墨者尚堯舜道，〔言〕其德行。」　謹照原文，「尚堯舜道」爲句，「言其德行」爲句，「言」字不可省。謹增「言」字。

十二畫

簠

《詩・秦風》傳：「外方内圓曰簠。」　謹按：所引係釋文語，謹將「傳」改爲「釋文」。

簡

《夏官・大司馬》：「簡嵇鄉民。」　謹照原文，「嵇」改爲「稽」。

《詩・衛風》：「簡兮簡兮。」〔三〕　謹照原書，「衛」改「邶」。

《左傳・成八年》：「晉侯使韓穿來，言汶陽之田，季文子私焉。曰猶之未遠，是用大簡。」註：「簡，諫也。」　謹按：「猶之未遠」二句，乃引《詩・大雅》〔四〕辭，非文子語也。今於「曰」字下，謹照原文，增「《詩》曰」二字。

簣

《廣韻》：「竹箭也。」　謹按：《廣韻》「簣」字無「竹箭也」之文，今省去，别增「《玉篇》其貴切」五字於前。

簥

《前漢・王莽傳》註：「匱者織竹爲器。」　謹據原文，「織竹」改「織草」。

《爾雅・釋樂》：「大管謂之簥。」註：「賈氏以爲如箎六孔。」　謹據原文，「箎」改「篪」。

簧

《禮・月令》：「仲夏之月，命樂師調笙簧。」　謹照原文，「笙」上增「竽」字，「簧」上增「笣」字。

簪

《易・豫卦》註：「簪，疾也，以信待之，則群朋合聚而疾求也。」　謹照原文，「註」改「疏」，「求」改「來」。

簫

《禮・月令》：「仲夏之月，命樂師均管簫參差之音。」　謹按：「參差之音」四字，《月令》所無。謹照《月令》原文，改「均琴瑟管簫」。

十三畫

簪

《列子·殷湯篇》：「燕角之弧，朔蓬之簪。」　謹照原書，改「《湯問篇》」。

簨

《廣雅》：「簨，一曰篆，又曰篹，又曰篸，又曰匴。」　謹照原文，改「篆、篹、篸、匴，簨也」，於上文「或謂之匴」下增「郭註『江東呼淅籤』」七字，以足字數。

簴

《周禮·春官·典庸》：「及祭祀，帥其屬而設筍簴。」　謹按：「典庸器」係官名，「典庸」之下謹增「器」字，省「及」字。

簻

《禮·樂記》：「作爲鞉鼓椌楬，此德音也。」　謹按：所引句未全。今照原文，改「然後聖人作爲鞉鼓椌楬壎篪」，省「此德音也」四字。

十四畫

籥

《前漢·禮樂志》：「《天馬歌》：『籥浮雲，晻上池。』」　謹照原文，「池」改「馳」。

籍

《管子·國蓄篇》：「租籍者，所以彊求也。」　謹照原文，「彊求」改「彊求」。

十五畫

篸

謹按：《説文》「豙」字从豕，辛聲。从豕，不从豕。今改「篸」。

音毅。　謹改「毅」。

或作「籟」。　謹改「藾」。

十六畫

籟

《史記·司馬相如傳》：「摐金鼓，吹鳴籟。」　謹照原文，「摐」改「摐」。

十七畫

𥳽

《廣韻》：「徒協切。」《集韻》：「弋陟切。」《韻會》：「達協切。」𪟽音蝶，篋也。謹按：「弋陟切」，《集韻》作「弋涉切」，與「徒協」「達協」之音皆不合。今省去「弋陟切」三字，照《集韻·三十帖》「𥳽」字註，改「《集韻》《韻會》達協切，𪟽音牒」。增「《集韻》」二字於「篋也」上，「蝶」改「牒」。

米部

米

《周禮·地官》：「舍人掌粟米之出入。」謹照原文，「粟米」改「米粟」。

五畫

粗

《禮·樂記》：「怒心感者，其聲粗以厲。」謹照原文，「怒」上增「其」字。

六畫

粢

《説文》本作「齋」。　謹按：《説文》䆐从齊，从禾。今改「䆐」。

七畫

粱

《説文》：「稻穀名。」　謹照原文，改「米名也」。

杜詩：「新炊聞黄粱。」〔五〕　謹照原文，「聞」改「間」。

八畫

粹

《前漢·賈誼傳》：「所托財器職業粹于群下。」　謹照原文，「托」改「託」。

十畫

糕

《野客叢書》：「《周禮·天官·籩人》疏：『羞籩之實，糗餌粉餈。』鄭箋：『今之餈糕，六經中未嘗無糕也。』」　謹照原文，改：「《周禮·籩人》：『羞籩之實，糗餌粉餈。』註：『餅之曰餈。』疏：『今之餈糕，六經中未嘗無糕。』」

糗

《周禮・天官》：「羞籩之實，糗餌粉餈。」　謹照原文，「邊」改「籩」。

十一畫

糜

《禮・月令》：「行糜粥飯食。」　謹照原文，「飯食」改「飲食」。

《〈字典·未集·中〉考證》目録

《字典·未集·中》考證

糸部

三畫

紉

《廣韻》：「女鄰切。」《集韻》：「而鄰切。」丛音「人」。　謹按：「女鄰切」係孃母，「而鄰切」係日母，不得丛音「人」。　謹照《集韻》「紉」字本音，改「而鄰切」爲「尼鄰切」，改「丛音『人』」爲「昵平聲」。

揚子《方言》：「續，楚謂之紉。」　謹照原文，「續」改爲「擘」。

又《集韻》：「尼鄰切。」　謹照《集韻》「紉」字別音，改「尼鄰切」爲「而鄰切」。

《集韻》：「居覲切，音抑。」　謹按：「居覲切」不得音「抑」，今據《集韻》「居覲切」首一字，「抑」改「抑」。

四畫

紐　《禮・玉藻》：「弟子縞帶并紐約，用組。」疏：「紐謂帶之交結之處。」　謹按：原文以「用組三寸」爲句，「三寸」字應增。今省去「弟子縞帶」四字，改爲：「并紐約，用組，三寸，長齊于帶。疏：『紐謂帶交結處。』」

《楚辭・九歎》：「情素結于紐帛。」　謹照原文，「結」改「潔」。

純　又，「朱聞切，音分。」　謹按：「朱聞切」不得音「分」。今據《集韻》，改「朱閏切，音稕」。

紕　又，《集韻》：「蒲眠切，音編。」　謹按：「編」非「蒲眠切」。今據原文，「音編」改「音蹁」。

紗　古通「沙」。《周禮・天官・内司服》：「緣衣素紗。」註：「素紗者，今之白縛也。」　謹照原文，兩「紗」字炏改「沙」。

紞　《儀禮》：「緇衾，赬裏，無紞。」〔六〕　謹按：「赬」，从赤，貞聲。从貞，不从頁。今改「䞓」。

素　《詩·鄭風》：「充耳以素乎而。」〔七〕　謹照原書，「《鄭風》」改「《齊風》」。《韻補》叶「孫租切」。古書：「新人工織縑，故人工織素。」　謹照《韻補》原文，「古書」改〔八〕「古詩」。

紡　《儀禮·聘禮》：「賄用束紡。」　謹照原文，「束紡」改「束紡」。

索　屈原《離騷》：「羌内恕以量人兮，各興心而嫉妒。」　謹照原文，「恕」下增（己）〔己〕字。

五畫

紫　《釋名》：「紫，疵也，非正色。正色之疵瑕，以惑人者也。」　謹照原文，「正色之疵」改

「五色之疵」。

又同「絮」。《荀子・非十二子篇》：「紫然洞然。」註：「紫與絮同。」 謹照原文，兩「絮」字竝改「孳」。

𥿮

按《玉篇》，「古于」、「古兩」二切。 謹照原文，「古于」改「古千」。

紵

《集韻》《韻會》：「文呂切，竝音宁。」 謹照原文，「文呂切」改「丈呂切」。

紹

《禮・樂記》：「紹者繼也。」 謹照原文，改「韶繼也」。

紼

《詩・小雅》：「紼纚維之。」傳：「紼，縛也。」〔九〕 謹照原文，「縛」改「繂」。

紾

《淮南子・精神訓》：「千萬紾。」 謹照原文，「千」字下增「變」字。

《周禮・冬官・考工記・弓人》：「老牛之角紾而昔。」註：「紾讀爲抮縛之抮。」 謹照原文，「縛」改「縳」。

絀

《說文》：「絳也。」　謹照原文，「絳」改「縫」。

《史記·趙世家》：「卻冠秫絀。」註：「徐廣曰：『《戰國》作秫縫。』」　謹照原文，「《戰國》」下增「策」字。

六畫

絘

《周禮·地官》：「廛人掌斂布絘布。」　謹照原文，「斂布」改「斂市」。

絜

按，「絜」，朱子《本意》作「潔」。　謹照原書，「朱子《本意》」改「朱子《本義》」。

絣

《廣韻》：「振繩墨也。」亦作「𠥼」。　謹照原文，「𠥼」改「𢇇」。

絰

《儀禮》註：「首絰，象緇布冠之缺頂。」〔一〇〕　謹照原文，「缺頂」改「缺項」。

七畫

絹

《博雅》：「繁、繐、鮮支、縠，絹也。」　謹照原文，「繁」改「綮」，「穗」〔一二〕改「繐」。

絺

《左傳・隱十一年》註：「絺在野里縣西南。」　謹照原文，「野里」改「野王」。

綏

《說文》：「車中把也。」註：「徐鍇曰：『禮，升車以正立，執綏。』」　謹照原註，「以正立」改「必正立」。

《儀禮・士冠禮》：「壻御婦，授綏。」　謹照原文，「婦」字下增「車」字。

《禮・王制》：「諸侯殺，則下小綏；大夫殺，則止左車。」　謹照原文，「左車」改「佐車」。

八畫

綣

《淮南子・氾論訓》：「古若有鍪而綣領以王天下者矣。」　謹照原文，「古若」改「古者」。

綪

《儀禮》：「陳襲事於房中，而領南上，不綪。」〔一二〕　謹照原文，「而領」改「西領」。

維

《楚辭·天問》：「斡維焉繫？」註：「維，綱也。」　謹照原文，「綱也」改「綱也」。

《爾雅·釋詁》：「維、伊，維也。」　謹照原文，改「伊、維，侯也」。

綱

《周禮·冬官·考工記·梓人》：「梓人爲侯，上綱與下綱，出舌尋，縜寸焉。」　謹照原文，「縜寸」改「絹寸」。

緁

《前漢·賈誼傳》：「白縠之衣，薄紈之裏，緁以偏諸。」　謹照原文，「衣」改「表」。

緆

《儀禮·既夕》：「縓綼緆。」註：「飾裳在幅曰綼，在下曰裼。」　謹照原註，「裼」改「緆」。

九畫

緒

《書・五子之歌》：「則有荒墜厥緒。」　謹按原文，「則有」二字屬上「王府」爲句，不得連引，今省。

緜

《書・禹貢》：「厥貢纖纊。」傳：「纊，新緜。」　謹照原文，「厥貢」改「厥篚」。

緧

《周禮・冬官・考工記・輈人》：「不緩其邸，必緧其牛後。」　謹照原文，「不緩」改「不援」。

緫

《博雅》：「青蒼色。」　謹照原文，「青蒼色」改「青也」。
《周禮・春官・巾車》：「重翟，錫朱緫。」　謹照原文，「錫」改「鍚」，「朱」上增「面」字。

緱

《戰國策》：「轅緱氏之口。」　謹照原文，「轅」上增「塞轘」二字。

紺

《廣韻》：「巴講切。」《集韻》：「補講切。」𠀤音「榜」。 謹按：「講」在《講韻》，「榜」在《養韻》。巴講、補講二切，不得音「榜」。謹改爲「邦上聲」。

練

《周禮·天官·染人》：「凡染，春曝練。」 謹照原文，「曝練」改「暴練」。

緵

《爾雅·釋器》：「緵罟謂之九罭。緵罟，魚罔也。」 謹照原文，「緵罟，魚罔也」改「九罭，魚罔也」。

緶

《集韻》：「蒲眠切，音編。」 謹按：「蒲眠切」不得音「編」。今照《集韻》，「音編」改「音蹁」。

十畫

緦

《周禮·春官·巾車》：「錫(而)〔面〕朱總。」註：「鄭司農云：『緦當爲總。』」〔一三〕謹照原文，「錫而」改「錫面」。

縒　《廣韻》《集韻》𠀤「倉各切」，音「錯」，綜亂也。　謹照《廣韻》原文，「綜」上增「縒」字。

縓　《廣韻》：「七絹切。」《集韻》《韻會》《正韻》：「取絹切。」𠀤音「爨」。　謹按：「絹」在《霰韻》，「爨」在《翰韻》。七絹、取絹二切，不得音「爨」。謹改爲「詮去聲」。

縛　《釋名》：「縛，薄也，使相薄著也。」　謹照原文，「薄者」改「薄著」。

緂　《說文》：「帛騅色也。《詩》曰『毳衣如緂』。」　按：今《詩》作「菼」，傳曰：「菼，騅也，蘆之初生者也。」註：「徐鍇曰：『染之如生菼色，今人所染麥綠也。』」　謹按：徐鍇語，係《說文》註。今照《繫傳》原文，於「註」上增《說文》二字。

縝　謝朓《晚登三山望京邑》詩：「誰縝不變。」　謹照原詩，「誰」字下增「能」字。

《廣韻》：「丑人切。」《集韻》：「之人切。」𠀤音「真」。縝紛也。　謹按：《廣韻》「縝」字無「丑人切」之音。《集韻》「之人切」下亦無「縝紛也」之文。謹改爲：「《前漢・司馬相如傳》註：『縝紛，衆盛也。音丑人反。』」

縟

《博雅》：「縟、聚，數也。」　謹照原文，「聚」改「驟」。

縠

《説文》：「細縛也。」　謹照原文，「縛」改「縳」。

縢

《後漢・儒林傳・序》：「小九制爲縢囊。」　謹照原文，「小九」改「小乃」。

十一畫

縫

《左傳・昭二年》：「敢拜子之彌縫。」　謹照原文，「彌縫」下增「敝邑」二字。

縭

《爾雅・釋器》：「婦人之褘謂縭。」　謹照原文，「謂」下增「之」字。

縮

《左傳・僖元年》：「無以縮酒。」　謹照原文，「《元年》」改「《四年》」。

縹

《博雅》：「蒼，青也。」　謹照原文，「蒼」改「縹」。

繁

《禮·鄉飲酒義》：「拜至，辭讓之節繁。」　謹照原文，「拜至」下增「獻酬」二字。

繇

《干禄字書》：「繇，皐繇字。繇，卜兆辭。音胄。」《佩觽集》：「繇，从䍃从卜从系。」　謹照原文，下二「繇」字竝改「䌛」。

十二畫

繑

《集韻》：「訖約切，音脚。屩或作繑，亦作鞽，通作蹻。」　謹照原文，「屐」改「屩」。

繒

《史記·吴大伯世家》：「敗齊師于艾溲至繒。」　謹照原文，「艾溲」改「艾陵」。

繚

《儀禮·鄉飲酒禮》：「弗繚，左絶末以祭。」　謹照原文，「左」改「右」。

緷

《集韻》：「尺戟切。」　謹照原文，「尺戟切」改「尺戰切」。

繡

《周禮·冬官·考工記》：「畫繢之事，五采備爲之繡。」　謹照原文，「爲之」改「謂之」。

繢

《集韻》：「户賄切，音塊。」　謹按：「塊」在《隊韻》，「賄」在《賄韻》。「户賄切」不得音「塊」。謹照《集韻》「音塊」，改「音瘣」。

十三畫

繭

《釋名》：「繭曰幕也。」　謹照《太平御覽》引《釋名》原文，改爲「煑繭曰幕」。或謂牽離。　謹照《釋名》原文，「謂」下增「之」字。

繹

《爾雅·釋訓》：「繹繹，生。」　謹照原文，「生」下增「也」字。

十四畫

纁

《儀禮·士冠禮》：「服，纁裳，純衣。」　謹按原文，「服」字上連「爵弁」爲句，今於「服」字上增「爵弁」二字。

十五畫

纅

《集韻》《韻會》㚂「弋蓋切」，音蔡。　謹照原文，「弋蓋切」改「七蓋切」。

纇

《左傳·昭二十八年》：「忿纇無期。」疏：「以纇忿其文，則纇亦似忿。」　謹照原文，「其文」改「共文」。

纍

《小爾雅》：「綆，繘也。」　謹照原文，「綆」改「纍」。

十七畫

纓

《周禮·春官·巾車》：「鍚樊纓。」　謹照原文，「鍚」改「錫」。

纕《周語》：「懷挾纓纕。」　謹照原書，「《周語》」改「《晉語》」。

十九畫

纛《前漢·高帝紀》：「黄屋左纛。」註：「李斐曰：『纛，毛羽幢也。在乘輿車衡左方上注也。』」　謹照原文，「注也」改「注之」。

缶部

十五畫

罍《説文》：「刻木作雲雷象，施不窮也。」　謹按原文，以「刻木作雲雷象」爲句，「施不窮也」上另有「象」字，今據增入。

网部

三畫

罔

《楚辭·九歌》：「罔薜荔爲帷。」謹照原文，「薜荔」下增「兮」字。

五畫

罡

《參同契》：「二月榆，魁臨于卯。八月麥生，天罡據西。」謹照原文，「榆」下增「落」字，「西」改「酉」。

八畫

罹

《説文》：「覆鳥使令不得飛走也。」謹按：原文無「使」字，今省。

九畫

罰

《周禮·地官·司徒》：「凡民之有衺惡者，三讓而罰之。」　謹照原文，「司徒」改「司救」，「三讓而罰」下省「之」字。

十四畫

羆

《爾雅·釋畜》：「羆如熊，黄白文。」註：「似熊而長頭高腳，憨悍多力。」　謹照原書，「《釋畜》」改「《釋獸》」，「憨悍」改「憨猛」。

十九畫

羈

《禮·檀弓》：「如守社稷，則孰執羈靮以從。」　謹照原文，「如」下增「皆」字。

《禮·内則》：「男角女羈。」疏：「今女翦髮，留其頂也，縱横各一。」　謹照原文，「頂也」改「頂上」。

羊部

三畫

羑 《玉篇》：「導也。」今作「誘」，亦作「䒖」。　謹照原文，「䒖」改「𦍒」。

四畫

羒 《爾雅·釋羊》：「羊牡，羒。」　謹照原書，「《釋羊》」改「《釋畜》」。

羖 《爾雅·釋羊》：「牝，羖。」　謹照原書，「《釋羊》」改「《釋畜》」。

五畫

羞 清羞用百有二十品。　謹按：《周禮》：「飲用六清，羞用百有二十品。」「清」字屬上爲句，不得連引，謹省「清」字。

九畫

羬 《爾雅·釋獸》：「羊六尺爲羬。」 謹照原書，「《釋獸》」改「《釋畜》」。

羭 《爾雅·釋獸》：「牡，羭。」 謹照原書，「《釋獸》」改「《釋畜》」。

十二畫

羯 《急就篇》註：「羖之犗者爲羯，謂劇劇也。」 謹照原文，「劇劇也」改「劇之也」。

羳 《爾雅·釋獸》：「羳羊黄復。」〔一四〕 謹照原書，「《釋獸》」改「《釋畜》」。

十三畫

羷 《爾雅·釋獸》：「角三觠，羷。」 謹照原書，「《釋獸》」改「《釋畜》」。

十六畫

黳

《爾雅・釋獸》：「黑羖，黳。」　謹按：「黑羖黳」三字係郭註，非《爾雅》正文，謹照原文，改爲「《釋畜》註」。

羽部

四畫

翄

《廣韻》：「赤知切。」《集韻》：「充知切。」圡音「蚩」。　謹照原文，兩「知」字圡改「之」。

五畫

習

《易・乾卦》：「不習，无不利。」　謹照原書，「《乾卦》」改「《坤卦》」。

六畫

翔　《爾雅・釋鳥》：「鳶烏醜，其飛也翔。」　謹照原文，「鳶烏醜」改「鳶烏醜」。

八畫

翟　《周禮・春官・巾車》：「王后之五路：重翟，錫面朱總。」　謹照原文，「錫」改「錫」。

翠　又，姓。《急就篇》註：「翠氏，楚晨之後也。」　謹照原文，「楚晨」改「楚景萃」。

十畫

翰　《說文》：「天雞赤羽也。」《逸周書》曰：「大翰若翬雉。」　謹照原文，「大翰」改「文翰」。

十一畫

翳　《山海經》：「北海之內，有五采之鳥，飛蔽一鄉，名曰翳鳥。」〔一五〕　謹照原文，「翳鳥」

改「翳鳥」。

十二畫

翧 《玉篇》：「逵貢切，飛貌。」 謹照原文，「逵貢切」改「達貢切」。

翼 《詩・小雅》：「我黍翼翼。」〔一六〕 謹照原文，「我黍」改「我稷」。

十三畫

翽 《廣韻》：「呼會切。」《集韻》：「苦會切。」𠀤音「噦」。 謹按：「呼」屬「曉母」，「苦」屬「溪母」。「呼會」與「苦會」不同音，不得𠀤音「噦」。今依《廣韻》《集韻》《韻會》，將「苦會切」改爲「呼外切」，「噦」改爲「譿」，於《集韻》下增「《韻會》」二字。

《集韻》《韻會》𠀤「呼外切」，音「譿」。 謹照《集韻》，「呼外切」改爲「苦會切」，「音譿」改爲「音檜」。

十四畫

䎗

《廣韻》：「卑民切。」 謹照原文，改爲「匹賓切」。

翿

《詩・王風》：「君子揚揚，左執翿。」〔一七〕 謹照原文，「揚揚」改「陶陶」。

老部

考

《佩觿》：「考从丂，丂，苦果反。」 謹照原文，「苦果反」改「苦杲反」。

而部

而

《周禮・冬官・考工記・梓人》：「其鱗之而。」 謹照原文，「其」上增「作」字。

三畫

耏

《釋名》：「耏，耳耏也。」 謹照原文，「耳」上省「耏」字。

耒部

五畫

耜

《易·繫辭》：「斵木爲耜。」 謹照原文，「斵木」改「斲木」。

九畫

耦

《詩·周頌》：「亦服爾耕，十千維耦。」箋：「耜廣五寸，三耜爲耦。」〔一八〕 謹照原文，「三耜」改「二耜」。

耳部

耳

《博雅》：「耳，馬莧也。」　謹按：原文作「豨耳，馬莧也。」　謹於「耳」上增「豨」字。

五畫

聇

揚子《方言》：「秦晉之間，言心內慙矣，趙魏之間謂之聇。」　謹按：所引非本書文義。謹照原文，改：「山之東西，自愧曰恧，趙魏之間謂之聇。」

八畫

聚

《禮·月令》：「孟冬之月，命司徒循行積聚。」　謹照原文，「司徒」改「有司」。班固《西都賦》：「毛群肉闐，飛羽上覆。」　謹照原文，「肉闐」改「內闐」。

十六畫

聾

《左傳·僖二十六年》：「耳不聽五聲之和曰聾。」　謹照原文，「曰聾」改「爲聾」。

聿部

四畫

肂

又《集韻》：「羊至切，言肂。」　謹照本書之例，「言」改「音」。

七畫

肆

《易·繫辭》：「其事肆而隱。」　謹照原文，「隱」改「隱」。

《周禮·天官》：「司市掌以陳肆辨物。」　謹照原書，「《天官》」改「《地官》」。照原文，「辨物」下增「而平市」三字。

《周禮·地官·大司徒》：「祀五帝，奉牛牲，羞其肆。」釋文：「羞，進也。」　謹按：「羞進也」句，出賈疏，非釋文。今據改爲「賈疏」。

《〈字典·未集·下〉考證》目録

《字典·未集·下》考證

肉部

三畫

肙

《周禮·冬官·考工記·廬人》：「㓷兵欲無肙。」　謹照原文，「㓷兵」改「刺兵」。

四畫

肦

《儀禮·聘禮》：「肦肉及庾車。」　謹照原文，「庾車」改「廋車」。

肸

《揚雄傳》：「薌呹肸以棍根兮。」　謹照原文，「棍根」改「掍根」。

五畫

貸 《集韻》：「待戴切，音代。貸，賽，體顫動貌。」 謹照原文，「貸賽」改「貸賽」。

胜 一曰不熟也。徐引《禮記》：「飲胜而苴熟。」 謹照原文，「飲胜」改「飯胜」。

胥 《周禮・地官・胥師》：「二十四，則一人皆二史。」 謹照原文，「二十四」改「二十肆」。

七畫

脝 《博雅》：「脝、腨，脂也。」 謹按：「胮脝」二字相連爲文。 謹照原文，「脝腨」改「胮脝」。

脩 又敬也。《魯語》：「吾冀而朝夕脩我。」註：「敬也。」 謹照原文，兩「敬」字炊改「儆」。

八畫

腓

《管子·侈靡篇》：「其獄一踦腓一踦屨。」註：「諸侯犯罪者，令著一隻屨以恥之。」謹照原文，兩「屨」字俱改「屨」。

腕

又與「肘」同。《禮·三年問》：「袂之長短，反詘之及肘。」註：「肘或爲腕。」謹按：「袂之長短」二句，係《深衣篇》文。「肘或爲腕」乃言兩本之異，非謂「腕」與「肘」同也。肘爲臂節，腕爲手後節，音義均不同。謹將「又與肘同」改爲「又與捥同」。「《禮·三年問》」以下十八字，改爲：「《史記·刺客傳》：『偏袒搤捥而進。』索隱：『捥，古腕字。』」

腃

《篇海類編》：「昨千切，音殘。禽獸食之餘也。」謹按：此與二十八頁「腃」字重複，今省去，而於九畫「腜」字註末增「又通膴。《魏都賦》註引《韓詩》『周原腜腜』，《毛詩》『腜』作『膴』」十九字，以足字數。

腎

《山海經》註：「頭上有肉腎。」謹照原文，「頭」改「頸」。

九畫

睽

《淮南子・修務訓》：「雖粉白黛黑，弗能爲美者，嫫母仳倠也。」 謹照原文，「仳催」改「仳倠」。

十畫

膝

潘岳《射雉賦》：「裂膆破觜。」 謹照原文，「觜」改「觜」。

膏

《詩・衛風》：「豈無膏沐，誰的爲容。」〔一九〕 謹照原文，「誰的」改「誰適」。

十一畫

膝

又齒膝，良馬名。《前漢・王褒傳》：「駕齒膝。」 謹照原文，兩「齒」字妣改「齧」。

膠

《周禮・冬官・考工記・輪人》：「膠必厚施。」 謹照原文，改「施膠必厚」。

十二畫

膳

《正韻》：「膳之言善也。今時美物曰珍膳。」謹按：二句出《周禮·天官·敘官》註，不始於《正韻》，謹改「《正韻》」爲「《周禮》鄭註」。

《周禮·天官·膳夫》：「膳夫掌王之飲食膳羞。」謹按：「膳夫」二字重出，謹省下「膳夫」二字。𠀤照原文，「飲食」改「食飲」。

十三畫

臈

《晏子春秋·諫上》：「景公令兵摶治，當臈冰月之間而寒冰多凍餒，而功不成。」〔二〇〕謹照原文，「摶」改「摶」。

臣部

十一畫

臨

《禮・檀弓》：「臨諸侯，畛於鬼神。」　謹照原書，「《檀弓》」改「《曲禮》」。司馬相如《長門賦》：「君不肯兮幸臨。」　謹照原文，「兮」改「乎」。

自部

四畫

臭

《禮・內則》：「纓衿佩容臭。」　謹照原文，「纓衿」改「衿纓」。《左傳・僖五年》：「卜繇曰：『一薰一蕕，十年猶尚有臭。』」　謹照原文，「《五年》」改「《四年》」，「猶尚」改「尚猶」。

臼部

九畫

輿

又《掌均》：「平其輿。」　謹按：《周禮》無「掌均」之官，所引出《地官·司稼》。「《掌均》」謹改「《司稼》」。

十三畫

舋

王延壽《魯靈光殿賦》：「倚佹奮舋而軒鬠。」　謹照原文，「奔虎攫挐以梁倚」，「倚」字屬上爲句，謹省去「倚」字。

舌部

二畫

舍

《書·湯誓》：「舍我穡事而割夏正。」　謹照原文，「夏正」改「正夏」。

六畫

舒

《周禮·冬官·考工記·弓人》：「斷日必荼。」　謹照原文，「斷日」改「斲目」。

《五音集韻》：「羊如切，與豫同。」　謹照原文，「羊如切」改「羊茹切」。

舟部

七畫

艁

揚子《方言》：「艁首謂之浮梁。」　謹按原文，「艁首」改「艁舟」。

十畫

艖

謹按：「艖」字右旁作「𢀩」，則十一畫；作「差」，則十畫。此入十畫，當作「差」。謹改「艖」。

艮部

一畫

良

《莊子·危言篇》：「往視其良。」　謹照原書，「《危言篇》」改「《列御寇》」，「往視」改

「嘗視」。

【校注】

〔一〕見《邶風·谷風》。

〔二〕見《邶風·新臺》。

〔三〕見《邶風·簡兮》。

〔四〕見《大雅·板》。

〔五〕見杜甫《贈衛八處士》。

〔六〕見《士喪禮》。

〔七〕見《齊風·著》。

〔八〕見漢詩《上山採蘼蕪》。

〔九〕見《小雅·采菽》。

〔一〇〕見《儀禮·喪服》。

〔一一〕王氏引上文「緦」作「穗」，偶誤。

〔一二〕見《士喪禮》。

〔一三〕互見「緫」字條。「緦」，不知所出。又見《羽部》「翟」字條。

〔一四〕復，當作「腹」。

〔一五〕見《山海經·海内經》。

〔一六〕見《小雅·楚茨》。

〔一七〕見《王風·君子陽陽》。

〔一八〕見《周頌·噫嘻》。

〔一九〕見《衛風·伯兮》。

〔二〇〕互詳《讀書雜志·晏子春秋雜志》。

申集

《〈字典·申集·上〉考證》目録

《字典·申集·上》考證

艸部

二畫

艾

揚子《方言》：「東魯齊衛之間，凡尊老謂之艾人。」 謹按：原文「艾」下無「人」字，謹改「人」字爲「又」字，作更端之詞，屬下文爲義。

《集韻》或作「苂」。 謹照原文，「苂」改「苁」。

三畫

芇

《世説》：「謝安云：『處則爲遠志，出則爲小草。』」 謹照原文，「謝安」改「郝隆」。

芃《詩・衛風》：「芃芃其麥。」〔一〕 謹照原書，「《衛風》」改「《鄘風》」。

芋《儀禮》註：「齊人或名金菹爲芋。」 謹照原文，「金菹」改「全菹」。

芍《詩・衛風》：「贈之以芍藥。」〔二〕 謹照原書，「《衛風》」改「《鄭風》」。

芏《爾雅・釋草》「芏夫」註：「草生海邊，似莞蘭。」 謹照原文，「夫」字下增「王」字，「莞蘭」改「莞藺」。

芑《詩・大雅》：「維穈維芑。」〔三〕 謹照原文，「穈」改「糜」。

芒《爾雅・釋天》：「太歲在巳曰大芒落。」 謹按：《爾雅》不作「芒」。謹改：「《史記・曆書》『大芒駱』，《爾雅》『芒』作『荒』。」

四畫

芣 《玉篇》：「芣苢，馬舃。」《詩·周南》：「采采芣苢。」〔四〕郭璞疏：「大葉長穗，江東呼爲蝦蟆衣。」陸璣疏：「馬舃，一名車前。」　謹按：《毛詩》無郭璞疏，謹將此三十六字改爲：「《爾雅·釋草》：『芣苢，馬舃。馬舃，車前。』郭璞註：『大葉長穗，江東呼爲蝦蟆衣。』《詩·周南》：『采采芣苢。』陸璣疏：『一名當道。』」

芥 揚子《方言》：「或謂之香芥。」　謹照原文，「香芥」改「幽芥」。

芩 《詩》：「食野之芩。」〔五〕疏：「根如釵股，葉如竹，蔓生澤中下地鹹處爲草，其實牛馬亦喜食之。」　謹照原文，「其實」改「真實」。

芬 《集韻》《韻會》《正韻》：「草初生分布也。」　謹照原文，「分布」上增「香」字。又姓。《戰國策》：「晉有大夫芬只。」　謹照《廣韻》原文，「芬只」改「芬質」。

芳 屈原《離騷》：「芳與澤其雜糅兮。」註：「芳，德之貎也。」 謹照原文，「貎」改「臭」。

芴 司馬相如《上林賦》：「縝紛緻芴。」 謹照原文，「緻芴」改「軋芴」。

芹 《類篇》：「凡隱切，音謹。」 謹照原文，「凡隱切」改「几隱切」。

芻 《孟子》：「猶芻豢之悦我口。」〔六〕趙註：「草牲曰芻。」 謹照原文，「牲」改「食」。

五畫

苑 《詩・小雅》：「我心苑結。」〔七〕傳：「苑猶屈也，積也。」箋註讀「鬱」。 謹照原文，「傳」改「箋」。「箋註讀鬱」改「釋文音鬱」。

苗 《爾雅・釋草》：「苗修。」 謹照原文，「苗修」改「苗蓨」。

苞　子夏《詩傳》：「朋友相贈，賦《木瓜》。子曰：『見苞苴之禮焉。』」〔八〕　謹按：《詩傳》是子貢作，今據改「子貢」。

苧　張衡《南都賦》：「其草則藨苧蘋莞。」　謹照原文，「蘋莞」改「薠莞」。

苨　《詩·大雅》：「維葉泥泥。」〔九〕疏：「張揖作苨苨。」　謹照原文，「疏」改「釋文」。

苴　又《禮·曲禮》：「凡以弓劒苞苴簞笥問人者。」　謹照原文，「簞笥」改「簞笥」。《前漢·終軍傳》：「苴白毛于江淮。」　謹照原文，「白毛」改「白茅」。

苹　《詩·小雅》：「呦呦鹿鳴，食野之苹。」〔一〇〕箋：「藾蕭也。葉青白色。」　謹照原文，「葉」上增「疏」字。

菰　《禮·內則》：「蝸醢而苽食雉羹。」　謹照原文，「蝸醢」改「蝸醢」。《淮南子·天文訓》註：「芪生水上，相連特大而薄者也。」 謹照原註，「特」改「持」，「而」改「如」。據道藏本，「薄」改「蒲」。

苾

《大戴禮》：「苾乎入芝蘭之室。」〔一一〕 謹照原文，「苾乎」下增「如」字。

茀

《後漢・古今人表》：「茀肸。」 謹照原書，「《後漢》」改「《前漢》」。

范

又與「範」通。《禮・少儀》：「左右軌范乃飲。」 謹按：「左右軌范」之「范」與「軓」同，不與「範」同，謹改「又通『軓』。《少儀》：『祭左右軌范。』又通『範』。」

茆

于寶云：「今之鳧䑕草。」〔一二〕 謹照原文，「于寶」改「干寶」。

茈

《急就篇》註：「茈胡，一名地董。」 謹照原文，「地董」改「地薰」。

荒

《説文》：「漸也，人所難也。」 謹照原文，「難」改「離」。

六畫

茗　《韻會》：「茶晚取者。」《爾雅・釋草》：「茗，荈。」　謹按：《爾雅》經文無「茗荈」之文，謹改爲：「《爾雅》註：『茶，晚取者爲茗，一名荈。』」

⿱艹丞　《前漢・酷吏傳》：「⿱艹丞⿱艹丞不至於姦。」　謹照原文，「⿱艹丞⿱艹丞」上增「吏治」二字。

荋　《周禮・地官》「學染草」註：「茅蒐、索蘆、豕首、紫茢之屬。」　謹照原文，「索」改「橐」。

茭　《後漢・溝洫志》：「搴長茭兮湛美玉。」　謹照原書，「《後漢》」改「《前漢》」。

茸　《穆天子傳》：「賜紫茸雲氣帳。」　謹按：《穆天子傳》無此文，謹照原書，改《飛燕外傳》〔一三〕。

茹

揚子《方言》郭註：「凡俗呼能粗食者爲茹。」謹照原文，「凡」改「今」。

萓

《禮・内則》：「堇、萓、枌榆、兔、薧，滫瀡以滑之。」謹照原文，「兔」改「免」。

荃

《説文》：「芥，脃也。」謹照原文，「脃」改「脆」。

荄

《爾雅・釋草》：「菄菟荄。」謹按：「菟荄」乃草名，非草根。上文引《説文》「荄，草根也」，則此當引《爾雅》「荄，根」。謹將「菄菟荄」改「荄，根」。

莽

《類篇》：「茶晚取者，多莽。」謹照原文，「多莽」改「名莽」。

草

《説文》：「自保切，音皁。斗櫟實也，橡斗子。」謹照原文，「音皁」下，增「草」字。「橡斗」上增「一曰」二字。徐鉉曰：「櫟實，可染白爲黑。」謹照原文，「白」改「帛」。

荍

《詩·陳風》：「視爾如荍。」傳：「荍，芘芣也。」疏：「一名蚍衃。」郭註：「今荊葵也。」陸註：「似蕪菁，華紫綠色，可食，微苦。」《爾雅翼》：「一名錦葵花。」又《爾雅》註：「荍，小草。」謹按：郭註乃《爾雅》註，非《毛詩》註。謹將「郭註」至「陸註」八字，改「陸疏」二字。《爾雅》註下，增「今荊葵也，又云」六字。

茬

《魏書·彭城王傳》：「離違清挹，茬苒至今。」謹照原文，「離」改「難」。

荐

《左傳·襄四年》：「戎狄荐居。」註：「荐，草也，古狄人逐水草而居。」謹照原文，「古」改「言」。

荑

謝靈運詩：「草木荑綠柳。」〔一四〕謹照原詩，「草木」改「原隰」。

荒

《吴語》：「荒城不盟。」謹照原文，「城」改「成」。

七畫

堇

《博雅》：「羊蹄菜也。」　謹照原文，改「堇羊蹄也」。

荷

《爾雅·釋草》：「荷，芙蕖。」註：「別名芙蓉，江南人呼荷。」　謹照原文，「江南」改「江東」。

《詩·小雅》：「何蓑何笠。」〔一五〕傳：「揭也。」箋：「何可反。」　謹照原文，「箋何可反」改「釋文：河可反」。

苭

《爾雅·釋草》「苭，茭」註：「苭一名茇。」　謹照原文，「一名茇」改「一名茭」。

荼

《禮·玉藻》：「荼前詘後。」〔一六〕　謹按：所引非原文句讀，謹照原文，改「諸侯荼」。

荘

《干禄字書》：「通作莊。」　謹照原文，「莊」作「荘」。

茺　《唐韻》：「昌終切。」　謹照原書，「《唐韻》」改「《廣韻》」。

莌　《山海經》：「又名寇脱，生江南。」〔一七〕　謹照原文，「寇脱」下增「郭註」二字。

莍　《爾雅・釋草》：「椒、樧醜，莍。」　謹照原書，「《釋草》」改「《釋木》」。

菡　蔡邕《述行賦》：「蘴莢與臺菡兮。」　謹照原文，「蘴莢」上增「布」字。

莖　《白虎通》：「《顓頊樂》曰《六莖》，莖者，著萬物也。」〔一八〕　謹照原文，「莖者」改「者莖」。

莞　《詩・小雅》：「上莞下簟。」〔一九〕　謹照原文，改「下莞上簟」。

莢　《周禮・地官・大司徒》：「其植物宜莢。」　謹照原文，「莢」字下增「物」字。

草 《説文》作「草」，詳「草」字註。又作「萆」，斗櫟實也。〔二〇〕 謹照原文，「萆」下增「萆」字。

八畫

莽 屈原《離騷》：「夕攬中州之宿莽。」 謹照原文，省「中」字，「州」改「洲」。

《後漢・莽何羅傳》註。 謹按：《漢書》無《莽何羅傳》，謹照原書，改《前漢書・武帝紀》「莽何羅」註。

菁 《管子》：「菁茅謀。」 謹照原書篇名，改《管子・輕重丁》。

《詩・唐風》：「有杕之左，其葉菁菁。」〔二一〕 謹照原文，「左」改「杜」。

菅 《管子・牧民論》：「野蕪曠，則民乃菅。」註：「謂莩色也。」 謹照原書，「《牧民論》」改「《牧民篇》」。註中「謂莩色也」，照原文，改「菅當爲姦」。

萹

《爾雅·釋草》「帛似」 謹照原文，「帛似」下增「帛」字。

菊

《唐韻》《韻會》𠀤居六切，音掬，古作蘜。《説文》：「蘜，治牆也。」郭註：「今之秋華菊。」《禮·月令》：「蘜有黃華。」 謹按：郭註係《爾雅》之註，今改「《説文》」爲「《爾雅》」。𠀤照原文，「牆」字改「廧」字。《月令》「蘜」字改「鞠」字，「古作蘜」之下增「鞠」字。

菋

《説文》：「荎豬也。」《爾雅·釋草》：「菋，荎豬。」 謹照原文，兩「豬」字𠀤改「藸」。

菥

《爾雅·釋草》：「菥，虺牀。」 謹照原文，「菥」改「盱」。

菑

《周禮·冬官·輪人》註：「菑謂輻入轂中者。」鄭註：「謂建輻也。」又，泰山平原所樹立物爲菑。《周禮·冬官·考工記》註：「博立梟棊於中央，亦爲菑。」 謹照原文，自「註菑」至「於中央」四十字，改：「察其菑蚤不齵，則輪雖敝不匡。鄭註：『菑，輻入轂中者，謂建輻也。泰山平原所樹立物爲菑，聲如胾，博立梟棊亦爲菑。』」

葖

《爾雅・釋草》：「突，蘆葩。」《本草綱目》：「突葩。」 謹照原文，上「突」字改「葖」，下「突」字改「蘆」。

菖

《呂氏春秋》：「冬至後五旬七日，菖始生。菖者，百草之先于是始耕。」 謹照原文，「于是始耕」改「生者也」。

荓

《爾雅・釋草》：「荓，馬帚。」註：「草似蓍。」 謹照原文，「註」改「疏」。

菣

《爾雅・釋草》：「蔚，牡菣。」註：「蔚即蒿之雄無子者。」 謹照原文，「註」改「疏」。

蔙

《爾雅・釋草》：「蔙，葍。」註：「根莖都似人參。」 謹照原文，「註」改「疏」。

堇

《禮・內則》：「堇、荁、枌榆、兔、薧，滫瀡以滑之。」〔一二〕 謹照原文，「兔」改「免」。

華　《禮・檀弓》：「華而睆。」　謹照原文，「睆」改「晥」。

《詩本音》：「灼灼其華。」〔二三〕註：「音敷。考《詩》如『棠棣之華』。」　謹照原文，「棠」改「常」。

菰　《博雅》：「菰，蔣也，其米謂之胡菰。」　謹照原文，「胡」下省「菰」字。

菲　《後漢・梁鴻傳》：「志菲菲于升降。」　謹照原文，「于」改「兮」。

莀　《急就篇》註：「以染此色，因色綟云。」　謹照原文，「因色」改「因名」。

菹　《詩・小雅》：「疆場有瓜。」〔二四〕　謹照原文，「疆場」改「疆埸」。

菼　《爾雅・釋草》註：「江東呼爲烏蓲。」　謹照原文，「烏蓲」改「烏蓲」。

菽

《儀禮》註：「王公歠豆而食曰啜菽。」　謹按：《儀禮》註無此文，查係王肅《檀弓註》，見釋文。今改：「《禮・檀弓》王註：『歠豆而食曰啜菽。』」

葩

《爾雅・釋草》：「突，蘆葩。」〔二五〕　謹照原文，「突」改「葖」。

萋

《詩・周頌》：「有萋有苴。」〔二六〕　謹照原文，「苴」改「且」。

茹

《集韻》：「離珍切，音知。」　謹照原文，「離珍」改「珍離」。

蓮

《白虎通》：「阜出蓮莆。」註：「蓮莆樹，其葉大於門扇。」　謹按原文，「蓮莆樹」以下，係《白虎通》正文，非註文。謹將「註蓮莆樹」四字，改「蓮莆，樹名」。

九畫

萩

《左傳・襄十八年》：「秦周伐雍門之萩。」　謹照原文，「秦周」上增「及」字。

篇　《爾雅·釋草》:「竹,萹蓄。」註:「布地而生。」　謹照原文,「註」改「疏」。

莋　《集韻》:「士革切,音頣。」　謹照原文,「頣」改「賾」。

蕂　《吴越春秋》:「干將鑄劍,夫妻入冶鑪中。後世麻經蕂服,然後敢鑄。」〔二七〕　謹照原文,「干將鑄劍」改「吾師作冶」。「麻經」改「麻絰」。

蔔　《爾雅·釋草》:「蔔,蔔蘦。」註:「大葉,白華。」　謹照原文,「蔔蔔」去下「蔔」字。

《博雅》:「烏蓊,蔔也。」　謹照原文,「蓊」改「蕵」。

葂　《爾雅·釋草》:「莖,葂葂。」　謹照原文,「莖」改「菫」。

著　《前漢·食貨志》:「黑子之著面。」　謹按:《食貨志》無此語,「《食貨志》」改「《賈誼傳》」。

蕱《魏志》裴松之傳：「初平中，有青牛先生者，客三輔，常食青蕱芫花。」謹按：《魏志》無《裴松之傳》，查係《管幼安傳》裴松之註文。謹照原書，「傳」改「註」，「芫花」改「芫花」。

葛《周禮·地官·掌葛》：「疏以時徵絺綌之材于山農。」謹照原文，「疏」改「掌」。《水經注》：「沐水又南，與葛陂相會。」謹照原文，「沐水」改「沭水」。

葝《爾雅·釋草》：「葝，鼠尾。」註：「可以染草。」謹照原文，「染草」改「染皁」。

葛《前漢·陳湯傳》謹照原書，「傳」下增「贊」字。

萅《爾雅·釋草》：「萅，春草。」疏：「蔄草，一名芒草。」謹照原文，「蔄」改「莽」，「芒」改「春」。

董　《左傳・昭二十九年》：「昔有颺叔安。」　謹照原文，「颺」改「飂」。

葦　《詩・衛風》：「一葦航之。」〔二八〕　謹照原文，「航」改「杭」。

《爾雅・釋草》：「葦醜，艻。」　謹照原文，「醜」改「䰩」。

葵　《儀禮・士虞禮》：「夏秋用生葵。」　謹按：此鄭註，非經文。謹照原文，「《士虞禮》」下增「記註」二字。

《說文》：「葵，衛也。傾葉向日，不令照其根。」　謹按：《說文》無此語，謹攷下文所引《左傳》，改爲：「《左傳・成十七年》：『鮑莊子之知，不如葵，葵猶能衛其足。』杜預註：『葵傾葉向日，以蔽其根。』」

《晉語》：「王命之，以負葵之田七十萬。」　謹照原文，「王」改「吾」。

葷　《前漢・霍去病傳》：「所獲葷允之士。」　謹照原文，「所獲」上增「躬將」二字。

蔆

揚子《方言》：「木細枝謂之杪，青、齊、燕、冀間謂之蔆。故傳曰：『慈母之怒子也，猶折蔆笞之，其惠存焉。』」　謹照原文，「燕」改「兗」，「猶」改「雖」。

萺

《博雅》：「莌萺，王岑也。」　謹照原文，「王岑」改「黃芩」。

蒁

《本草》：「蓬莪，茂，一名蒁。」　謹照原文，「茂」改「茂」。

十畫

蒐

《周禮・地官》「掌染草」註：「茅蒐，蒨也。」　謹照原文，「註」改「釋文」。

薇

《説文》作「菽」。　謹照上文，「菽」改「薇」。

蒗

《山海經》：「大騩之山有草焉，其名曰蒗，服之不夭，可以療腹病。」〔二九〕　謹照原文，「療」改「爲」。

蒡　《爾雅·釋草》：「隱荵，蒡。」　謹照原文，改「蒡，隱荵」。

蒯　《左傳·成八年》：「雖有絲麻，無棄菅蒯。」註：「《毛詩疏》曰：『菅與蒯連，亦菅之類。』」　謹照原文，「《八年》」改「《九年》」。「註毛詩疏曰」改「正義」。「菅與蒯」改「蒯與菅」。

註：「蒯席。」　謹按：此《玉藻》註，非《喪服》註。「註」上增「《禮·玉藻》」三字。

蒱　《淮南子·人間訓》：「蒱且子之功，亦勿能加也。」　謹照原文，「功」改「巧」「勿」改「弗」。

蒸　《周禮·天官》：「甸師帥其徒，以薪蒸役內外饔之事。」註：「自然小者曰蒸也。」　謹照原文，「內外」改「外內」，「註」改「疏」。

蒹　《詩·秦風》：「蒹葭蒼蒼。」〔三〇〕疏：「青徐州人謂之簾。」　謹照原文，「簾」改「蒹」。

蒼

《書·益稷謨》：「至于海隅蒼生。」　謹按：《益稷》不稱「謨」，「謨」改「篇」。

蓐

《禮·少儀》：「茵，者蓐也。」　謹照原文，「《少儀》」下增「註」字，「者」改「著」。

十一畫

蔗

司馬相如《上林賦》：「甘柘巴苴。」　謹照原文，「《上林賦》」改「《子虛賦》」，「甘柘」改「諸柘」。

蔞

《爾雅·釋草》：「蔞，蒿也。」　謹照原文，改「購，蔏蔞」。

蔟

《周禮·秋官》「蜇蔟氏」註。　謹照原文，「蜇」改「硩」。

蔬

《周禮·春官》：「臣妾聚斂蔬材。」　謹照原書，「《春官》」改「《天官》」。

十二畫

蔽

《鄭語》：「鄢蔽補丹依𩔈歷莘。」 謹照原文，「依𩔈」改「依𩔉」。

蕃

《周禮・春官・巾車》：「有蒲蔽、棼蔽、藻蔽、蘩蔽。」 謹照原文，「蘩蔽」改「藩蔽」。

蕢

《爾雅・釋草》：「蒧，寒蒋。」 謹照原文，「寒蒋」改「寒漿」。

蕓

《杜陽雜編》：「元載造蕓輝堂於私第，其香出於闐國。」〔三一〕 謹照原文，「於闐」改「于闐」。

蕘

《左傳・昭十三年》：「淫芻蕘者。」註：「共燃火之草也。」 謹照原文，「註」改「疏」。

蕒

《爾雅・釋草》：「蕒，赤莧。」註：「今莧菜之有赤根者。」 謹照原文，「赤根」改「赤莖」。

蕤

唐人詩：「望見葳蕤舉翠華。」〔三二〕　謹照原詩，「萎蕤」改「葳蕤」。

蕵

《爾雅·釋草》：「須，蕵蕪。」註：「似羊蹄稍細。」　謹照原文，「稍細」改「葉細」。

蕧

《爾雅·釋草》：「蕧，盜庚。」註：「旋蕧，花也。」　謹照原文，「花也」改「似菊」。

蕨

《爾雅·釋草》：「蕨，虌。」　謹照原文，「虌」改「蘻」。

蕪

《楚辭·離騷》：「哀衆草之蕪穢。」　謹照原文，「衆草」改「衆芳」。

《爾雅·釋草》：「蒤蕪茂。」註：「蕪，豐也。」　謹照原書，「《釋草》」改「《釋詁》」。「蒤蕪茂」改「蕪，豐也」，「蕪豐」改「豐盛」。

蕫

《爾雅·釋草》「蔨蕫」疏：「狀似蒲而細，可爲屩，亦可陶以爲索。」　謹照原文，「可陶」改「可綯」。

款

《爾雅·釋草》：「菟蒵，顆凍。」　謹照原文，改「菟奚，顆凍」。

十三畫

薖

《爾雅·釋草》：「荷，芙蕖。」註：「其葉薖。」　謹按：「其葉薖」是經文，非註文。謹照原文，省「註」字。

薄

《荀子·天倫篇》：「寒暑未薄而疾。」　謹照原書，改「《天論篇》」。

薌

《前漢·揚雄〈反騷〉》：「薌呹肸以掍根兮。」　謹照原書，改「《前漢書·揚雄傳》」。

孽

《詩·商頌》：「包有三孽。」〔三三〕　謹照原文，「包」改「苞」。

蕵

《爾雅·釋草》：「蘹，烏蕵。」　謹照原文，「蘹」改「蘾」。

薢

《博雅》：「薐芰，薢物也。」　謹照原文，「物」改「苟」。

薤

《儀禮・士相見禮》：「葱薤之屬。」　謹照原書，「《士相見禮》」下增「註」字。

薦

《周禮・籩人》：「薦羞之事。」〔三四〕　謹照原文，「事」改「實」。

揚子《方言》：「江淮家簿于中謂之薦。」註：「薦音符。」　謹照原文，「簿于」改「居簿」，「符」改「荐」。

薨

《禮・内則》：「堇、荁、枌榆、兔、薧，滫瀡以滑之。」〔三五〕註：「兔，新生者。」　謹照原文，兩「兔」字均改「免」字。

薧

《白虎通》：「薧之言奄也。」　謹照原文，「薧」改「薨」。

薪

《禮・月令》：「乃代薪爲炭。」　謹照原文，「代薪」改「伐薪」。

十四畫

薰

《漢夏承碑》：「帶薰著于王室。」〔三六〕　謹照原文，「帶」改「策」。

藍

又鑑也。　謹照《大戴禮》註，「鑑」改「濫」。

藎

揚子《方言》：「藎，餘也。」註：「遺餘，周、鄭之間曰藎。」　謹照原文，「註遺餘」三字，移於「周、鄭之間曰藎」下。

藏

《晉語》：「文公之出也，豎豆須，守藏者也。」　謹照原文，「豆」改「頭」。

《周禮・天官・醫師》：「參之以九藏之動。」　謹照原書，「醫師」改「疾醫」。

十五畫

藝

《書・舜典》：「歸格于藝祖。」傳：「告止文祖之廟。」　謹照原文，「告止」改「告至」。

藨

《爾雅・釋草》：「藨藨。」　謹照原文，「藨藨」改「藨麃」。

藰

《集韻》：「力九切，音柳。」《玉篇》：「草名。」《爾雅・釋草》：「藰，章陸。」　謹按：「藰音陸」三字出《玉篇》，不出《爾雅》。謹照《玉篇》原文，改「《玉篇》：『六九切。』《集韻》：『力九切。』丛音柳。《玉篇》：『藰，章陸。』」

十六畫

⿱艹骹

《博雅》：「株，根也。亦竹笋也。」　謹照原文文義，「株」改「⿱艹骹」。

蘀

《詩・豳風》：「十月殞蘀。」[三七]　謹照原文，「殞」改「隕」。

蘅

宋玉《風賦》：「獵蕙草，雜秦蘅。」　謹照原文，「雜」改「離」。

蘋

《詩・召南》：「于以采蘋。」[三八]疏：「《韓詩》云：『沈者曰蘋。』」　謹照原書，「疏」改

「釋文」。

《呂氏春秋》：「海菜之美者，崑崙之蘋。」〔三九〕 謹按原文，「海」字屬上文，不屬本句，今省「海」字。

虉

張衡《東京賦》：「于東則拱池清虉。」 謹照原文，「拱池」改「洪池」。

《史記·建元侯者年表》索隱註：「虉況在吴越界。」 謹照原書，「建元」下增「以來」二字，省「索隱」二字。「虉況」改「虉兒」。

十七畫

蘘

司馬相如《子虛賦》：「茈薑蘘荷。」 謹照原文，「《子虛賦》」改「《上林賦》」。

蘠

目録底本原缺

《字典·申集·中》考證

虍部

五畫

處

《詩·王風》：「其後也處。」〔四〇〕　謹照原書，「《王風》」改「《召南》」。

七畫

虞

揚雄《長楊賦》：「復三王之日。」　謹照原文，「日」改「田」。

虫部

二畫

虮 《集韻》：「通作飢。」《爾雅·釋蟲》：「密飢，繼英。」　謹照原文，「飢」太改「肌」。

虯 王逸《魯靈光殿賦》　謹照原文，「逸」改「延壽」。

三畫

虺 《爾雅·釋蟲》：「蝮，虺。」　謹照原書，「《釋蟲》」改「《釋魚》」。

四畫

蚆 《爾雅·釋魚》：「蚆博而頯。」註：「頯者，中央廣。」　謹照原文，兩「頯」字太改「頯」。

五畫

蚳　《天官》：「鼈人蚳醢。」　謹照原文，改「鼈人共蚳，以授醢人。」

蚷　《莊子・秋水篇》：「猶㑊蚊負山。」　謹照原文，「㑊」改「使」。

蚹　《爾雅・釋蟲》：「蚹蠃，螔蝓。」　謹照原書，「《釋蟲》」改「《釋魚》」。

蚰　《爾雅・釋蟲》：「蝎，蛣蚰。」註：「木中蟲也。或作蝠。」　謹照原文，「蚰」改「蝠」，「蟲也」改「蠹蟲」。「或作蝠」三字，移於「《爾雅》」上。

六畫

蛑　《爾雅・釋蟲》：「莫貈，蟷螂，蛑。」　謹照原文，「螂」改爲「蜋」。揚子《方言》：「蟷螂或謂之虰蛑。」　謹按：《方言》「虰」下無「蛑」字，謹改爲：「疏：『莫貈一名蟷蜋，一名蛑。』」

蟿

《爾雅・釋蟲》：「蛅，毛蠹。」疏：「蛅一名毛蠹。」　謹照原文，兩「蛅」字㕞改「蛅」，「毛蟲」改「毛蠹」。

蜋

《爾雅・釋蟲》疏：「一名馬蠲蚼。」　謹照《經典釋文》，「蚼」改「蚼」。

蛬

揚子《方言》郭註：「梁園呼蛬，爲蛩。」　謹照原文，「園」改「國」，「爲」改「音」。

七畫

蛹

《爾雅・釋蟲》註：「蚕蛹。」疏：「即蚕所變者。」　謹照原文，兩「蚕」字㕞改「蠶」。

《荀子・賦論篇》　謹照原文，省「論」字。

蔡邕《短人賦》：「蘙中蛹兮蠶蠕。」　謹照原文，「蠕」下增「蝢」字。

蛘

又《廣韻》：「緜婢切，音弭。」《爾雅・釋蟲》：「蛅蟴，强蛘。」揚子《方言》：「螳螂或謂之蛘蛘，蛅蟴謂之强蛘。」郭註：「米中小黑甲蟲也，建平人呼芊子，音芊，芊即姓也。」　謹按：「螳螂或謂之蛘蛘」，郭註不音「芉」姓之「芉」，不當入「緜婢切」下，且與上下文「强蛘」不類。謹將「螳螂」以下七字，移於上文「蚍蜉，燕謂之蛾蛘」下。

蜀

《爾雅·釋山》：「獨山，蜀。」　謹照原文，「獨山」改「獨者」。

蜃

《周禮·天官·鼈人》：「以時籍魚鼈。」　謹照原文，「籍」改「簎」。

蜆

《說文》：「蝭女也。」　謹照原文，「蝭」改「縊」。

蜉

《爾雅·釋蟲》：「蚍蜉，大蟻。」疏：「蟻大者，別名蚍蜉。」　謹照原文，兩「蟻」字改「蟻」。

令人燒炙噉之。　謹照陸璣疏原文，「令人」改「今人」。

蜎

《爾雅·釋蟲》：「蜎，蠉蟲。」　謹照原書，「《釋蟲》」改「《釋魚》」，「蠉」下省「蟲」字。

蜓

《爾雅·釋蟲》：「虰蛏。」　謹照原文，「蛏」改「蛵」。

八畫

蜝

《晉書·蔡謨傳》：「初渡江，見蟚蜝，大喜曰：『蟹有二螯，八足，加以二螯，烹之。』」謹照原文，「蟹有」下省「二螯」兩字，「烹」上增「令」字。

蜡

《説文》：「蠅膽也。」　謹照原文，「膽」改「胆」。

蜩

《説文》：「蜩蠹，詹諸。」　謹照原文，「蠹」改「蠹」。

蜸

《玉篇》：「蜸，蠶也。」《爾雅·釋蟲》：「螼蚓，蜸蠶。」疏：「螼蚓，一名蜸蠶。」　謹照原文，三「蠶」字並改「蚕」。

按：蚕音腆，蚯蚓也。

蜺

王逸《魯靈光殿賦》　謹照原文，「王逸」改「王延壽」。

蜻

《吕氏春秋》：「海上有人好蜻蛉者，每朝居海上，從遊有蜻蛉，至者數萬。」 謹照《吕氏春秋·精諭篇》原文，改「海上之人有好蜻者，每朝居海上從蜻遊，蜻之至者數百。」

蛟

王逸《魯靈光殿賦》 謹照原文，「王逸」改「王延壽」。

九畫

蝎

《爾雅·釋蟲》：「蝎，蛣蝹。」註：「木中蟲。」又，「蝎，桑蠹。」註：「即蛣蝹。」 謹照原文，兩「蛣蝹」並改「蛣蜫」。「木中」下，增「蠹」字。

揚子《方言》：「蝎，噬逮也，東齊曰蝎，北燕曰噬逮。」 謹按：此係釋訓詁，與上下文釋蟲名者不類。謹將此段移置下文「如樹之有蝎」下，加「又」字以别之。又按：《方言》原文「北燕曰噬」爲句，「逮通語也」爲句，不連讀，今省「逮」字。

嵇康《客難養生論》 謹照原文，「客」改「荅」。

蝓

《爾雅·釋蟲》：「蚹蠃，螔蝓。」 謹照原書，「《釋蟲》」改「《釋魚》」。

蝘

《爾雅·釋蟲》：「蜥蜴，蝘蜓。」 謹照原書，「《釋蟲》」改「《釋魚》」。

蝚

《爾雅·釋蟲》：「蝚，蠪螻。」註：「蠪螻，螻蛄類。」 謹照原文，兩「蠪」字𠀤改「蛌」。

蝦

張衡《南都賦》：「蛟蝦，委蛇。」 謹照原文，「蛟」改「駮」。

蝸

《爾雅·釋蟲》：「蚹蠃，螔蝓。」 謹照原書，「《釋蟲》」改「《釋魚》」。

十畫

螈

《淮南子·泰俗訓》 謹照原書，「俗」改「族」。

蝟

《爾雅·釋蟲》：「蝟蠌，小者蟧。」 謹照原書，「《釋蟲》」改「《釋魚》」。

螝

《爾雅·釋蟲》「螝蛹」註：「即蠶所變者。」 謹照原文，「註」改「疏」。

螟

《詩·小雅》：「去其螟螣。」〔四一〕疏：「陸璣云：『螟似蚜蚄。』」　謹照原文，「蚜」改「蚇」。

《列子·殷湯篇》　謹照原書，改「《湯問篇》」。

十一畫

螸

《爾雅·釋蟲》疏：「螸，垂腴也，即腹下也。」　謹照原文，「即腹」上增「腴」字。

蟅

《周禮·秋官·赤犮氏》註：「貍蟲，蟅，肌蛷之屬。」　謹照原文，「蛷」改「蛷」。

蟊

《書·洪範》：「圛曰蟊。」　謹照《正義》引鄭、王本，「圛」上增「曰」字。

螬

《淮南子·泰俗訓》　謹照原文，「泰」改「齊」。

十二畫

蟜　王逸《魯靈光殿賦》　謹照原文，「王逸」改「王延壽」。

蟰　《玉篇》：「蝙蟰。」　謹照原文，「蝙」改「蝙」。

蟲　《大戴禮》：「八主蟲，故蟲八月化也。」（四二）　謹照原文，「八主蟲」改「八主風，風主蟲」。

《爾雅·釋訓》：「爞爞，董也。」　謹照原文，改「爞爞，薰也。」

十三畫

蟾　《爾雅·釋蟲》：「鼁䵶，蟾諸。」註：「似蝦蟆，居陸地。《淮南子》謂之去蚊。」　謹照原書，「《釋蟲》」改「《釋魚》」。「鼁」改「鼀」，「淮南」下去「子」字，「蚊」改「蚊」。

《玄中記》：「蟾諸頭生角者，壽千歲。」（四三）　謹照原文，「壽千歲」上增「食之」二字。

蠅

《列子·殷湯篇》 謹照原書，改「《湯問篇》」。

蠉

《爾雅·釋蟲》「蜎蠉」註：「井中小赤蟲也。」 謹照原書，「《釋蟲》」改「《釋魚》」，「註」改「疏」。

十四畫

蠓

《爾雅·釋蟲》註：「小蟲，似蚋，而喜亂飛。」 謹照原文，省「而」字。

《列子·殷湯篇》 謹照原文，改「《湯問篇》」。

蠕

《荀子·勸學篇》：「端爲言，蠕爲動。」 謹照原文，兩「爲」字竝改「而」。

十五畫

蠚

《前漢·嚴助傳》：「暴露小居。」 謹照原文，「小居」改「水居」。

蠡 劉向《九歌》：「登長陵而四望兮，覽芷圃之蠡蠡。」 謹照原書，「《九歌》」改「《九歎》」。

蠚 揚子《方言》：「蜩蟧謂之蠚蠽。」 謹照原文，「蠽」改「蜩」。

十六畫

蠪 《爾雅·釋蟲》：「蠪，虰螘。」 謹照原文，「虰」改「朾」。

十七畫

蠭 《爾雅·釋蟲》註：「今江東大蠭在地中作房者爲土蠭。」 謹照原文，「今江東」改「江東呼」。

蠯 《周禮·天官·鼈人》：「祭祀，共蠯，蚳，以授醢人。」註：「鄭司農云：『蠯，蛤也。』」謹照原文，「祭祀共蠯」下，增「蠃」字。

《爾雅·釋蟲》：「蜜蛭。」　謹照原書，「《釋蟲》」改「《釋魚》」。「蜜蛭」改「蛭蜜」。

蠱

《爾雅·釋詁》：「蠱，疑也。」《左傳》註：「蠱惑疾心志，惑禮之疾也。」　謹照原文，「禮」改「亂」。

蠲

又與「圭」通。《儀禮·士虞禮》：「哀子某，圭爲哀薦之饗。」註：「圭，今作蠲。」　謹照原文，「哀薦之饗」改「而哀薦之」。「圭今作蠲」改引《詩》「吉圭爲饎」〔四四〕。

十八畫

蠹

《穆天子傳》：「天子東遜。」　謹照原文，「遜」改「遊」。

二十一畫

蠼

司馬相如《上林賦》：「蛭蜩蠼獨。」　謹照原文，「獨」改「猱」。

《〈字典·申集·下〉考證》目録

《字典·申集·下》考證

血部

六畫

衉

《楚語》：「鐵之戰。」　謹照原書，「《楚語》」改「《晉語》」。

行部

行

《左傳·隱十一年》：「鄭伯使卒出豭，行出雞、犬。」　謹照原文，「雞犬」改「犬雞」。

杜甫詩：「豈知吾甥不流宕。」（四五）　謹照原文，「豈如」改「豈知」。

三畫

衍 《周禮・春官》：「望祀望衍。」鄭註：「讀平聲。」 謹照原文，「讀平聲」改「讀爲延」。

衎 《説文》：「行喜也。」 謹照原文，「也」改「皃」。

五畫

術 《史記・建元侯年表》：「術陽侯建德。」 謹照原書，改「《史記・建元以來侯者年表》」。

六畫

街 《晉書・天文志》：「昴西二星曰天街。」 謹照原文，改「昴畢間爲天街」。

十畫

衞 《書・康誥》：「侯甸男采衞。」 謹照原文，改「侯甸男邦采衞」。

衡

《左傳·桓五年》：「衡紞紘綖。」　謹照原文，「《五年》」改「《二年》」，「紘綖」改「紭綖」。

《史記·傳序》：「維契作商，爰及成湯，太甲居桐，作盛阿衡。」　謹照原文，「傳序」改「自序」，「作盛」改「德盛」。

十一畫

衛

《禮·中庸》：「衛性之謂道。」　謹照原文，「衛性」改「率性」。

衣部

衣

《正字通》：「明有衣勉仁、衣祐。」　謹照原文，「祐」改「祐」。

二畫

卒

揚子《方言》:「南楚東海之間,謂卒爲頳。」　謹照原文,「頳」改「褚」。

四畫

衮

《荀子·富國篇》:「天子袾裷衣冕。」　通作「衮」。　謹照原文,「通作衮」改「註:與『衮』同」。

衷

《後漢·梁統傳》:「爰制百姓于册之衷。」註:「不輕不重也。」　謹照原文,「册」改「刑」。「不輕不重也」,即原傳正文,非註文,「註」字改「衷」字。

衺

《周禮·天官·宫正》:「去其淫思。」　謹照原文,「思」改「怠」。

衽

《周禮·天官》:「王府掌王之燕衣、服、衽席。」　謹照原文,「王府」改「玉府」。

衿《説文》：「衿謂之袸。」謹照原書，「《説文》」改「《爾雅》」。

袂《莊子·漁父篇》：「被髮褕袂。」李軌云：「儒税切。」謹照原文，「褕」改「揄」。「李軌云：儒税切」改「釋文：袂，李音芮」。

五畫

袉《説文》引《論語》：「加朝服袉紳。」謹照原文，「加」改「曰」。

袑《博雅》：「其襠謂之袑。」謹照原文，「襠」改「綰」。

袒《儀禮·鄉射禮》：「司射適堂，袒決遂。」註：「袒，左免衣也。」謹照原文，「堂」字下增「西」字。

袢《類篇》：「絆延，衣熱也。」《詩·鄘風》：「是紲袢也。」〔四六〕謹照原文，兩「絆」字炏改「袢」。

六畫

袼《禮・深衣》：「可以運時。」謹照原文，「時」改「肘」。

裂《左傳・隱二年》：「紀子帛名裂繻。」謹按：《左傳》無此文，改：「《春秋・隱二年》『紀裂繻來逆女』。」

七畫

裒《詩・小雅》：「原隰裒兮。」〔四七〕謹照原文，「兮」改「矣」。

八畫

製《左傳・襄三十一年》：「雖有美錦。」謹照原文，「雖」改「子」。

裿《博雅》：「襜襦謂之襜裿。」謹照原文，「襜襦」改「禪襦」。

九畫

複　庾信《華林園射馬賦》　謹照原文，「《射馬賦》」改「《馬射賦》」。

褐　《吴越春秋》：「晉令童褐請年。」　謹照原文，「年」改「軍」。

十畫

褓　《前漢・宣帝紀》：「曾孫雖在襁褓，猶坐收繫郡獄。」　謹照原文，「郡」下增「邸」字。

褫　《荀子・非相篇》：「極禮而褫。」註：「讀去聲。」　謹照原文，「讀去聲」改「直吏反」。

十二畫

襏　《管子・中匡篇》：「身服襏襫。」　謹照原文，「中匡」改「小匡」。

又，《國語》註：「襏，蠻夸服也。同袯。」　謹按：二語出《國語補音》，「註」字改「《補音》」。

十三畫

襜

《博雅》："襜襦謂之襜裿。" 謹照原文，"襜襦"改"襌襦"。

𩡧

揚雄《反騷》："芳酷烈而莫聞今，不如𩡧而幽之離房。"（四八） 謹照原文，"今"改"兮"。

襾部

西

《前漢·郊祀志》："象載瑜，白集西，食甘露，飲榮泉。" 謹按：《郊祀志》無此文，謹照原書，改"《郊祀歌》"。（四九）

十三畫

覈

《周禮·地官·大司徒》："其植物宜覈。" 謹照原文，"覈"字下增"物"字。

【校注】

〔一〕見《鄘風・載馳》。

〔二〕見《鄭風・溱洧》。

〔三〕見《大雅・生民》。

〔四〕見《周南・芣苢》。

〔五〕見《小雅・鹿鳴》。

〔六〕見《孟子・告子上》。

〔七〕見《小雅・都人士》。

〔八〕詳《衛風・木瓜》傳疏。子貢《詩傳》是僞書。

〔九〕見《大雅・行葦》。

〔一〇〕同〔五〕。

〔一一〕見《大戴禮・曾子疾病》。

〔一二〕當改作「干寶」,《考證》校而未改。引文見晉人干寶《搜神記》。

〔一三〕《飛燕外傳》,艷情小説鼻祖,作者伶玄。古代已成禁書。

〔一四〕見謝靈運《從游京口北固應詔詩》。

〔一五〕見《小雅・無羊》。

〔一六〕《禮記・玉藻》:「諸侯荼,前詘後直,讓於天子也。」《字典》引文句讀錯誤。

〔一七〕見《山海經・中山經》。

〔一八〕見《白虎通・禮樂》。原文是：「顓頊曰《六莖》者，言和律曆以調陰陽。莖者，著萬物也。」《字典》節引。

〔一九〕見《小雅・斯干》。

〔二〇〕《字典》：「草，《説文》作『艸』，百卉也。經典相承作『草』。」「又，《説文》自保切，音皁，斗櫟實也，橡斗子。徐鉉曰：今俗以此爲艸木之艸，別作皁字，爲黑色之皁。」《考證》引録《字典》，未忠實於原文。互詳「草」字條。

〔二一〕見《唐風・杕杜》。

〔二二〕互見「萱」條。

〔二三〕見《周南・桃夭》。《詩本音》，明末清初顧炎武撰。「棠棣之華」，見《小雅・常棣》。

〔二四〕見《小雅・信南山》。

〔二五〕互見「菔」條。

〔二六〕見《周頌・有客》。

〔二七〕千將，當作「干將」，誤引又誤書。

〔二八〕見《衛風・河廣》。

〔二九〕見《山海經・中山經》。

〔三〇〕見《秦風・蒹葭》。

〔三一〕《杜陽雜編》，唐代筆記小説，唐人蘇鶚撰。

〔三二〕見劉禹錫《阿嬌怨》。

〔三三〕見《商頌·長發》。

〔三四〕「邊」字當作「籩」，王氏失校。

〔三五〕互見「荁」、「堇」條。

〔三六〕見《隸釋》。

〔三七〕見《豳風·七月》。

〔三八〕見《召南·采蘋》。

〔三九〕見《本味篇》。

〔四〇〕見《召南·江有汜》。

〔四一〕見《小雅·北山之什》。

〔四二〕見《大戴禮·易本命》。

〔四三〕《玄中記》，晉郭璞著志怪小説集。

〔四四〕見《小雅·天保》。

〔四五〕見《李潮八分小篆歌》。「豈知」當改爲「豈如」，王引之校語顛倒。

〔四六〕見《鄘風·君子偕老》。

〔四七〕見《小雅·常棣》。

〔四八〕即西漢揚雄《反離騷》。

〔四九〕在《禮樂志》。

酉集

《〈字典·酉集·上〉考證》目録

《字典·酉集·上》考證

見部

八畫

覢

《説文》：「暫見也。《公羊傳·哀六年》：『覢然公子陽生。』」謹按：作「覢」者，《説文》所引之本，無「哀六年」三字。謹照《説文》原文，改爲引《春秋公羊傳》「覢然公子陽生」。

覢然公子陽生。註：「出頭貌。今本作闖然。」謹按：作「覢」者，訓爲「暫見」；作「闖」者，訓爲出頭貌。不得合以爲一。「註」字以下，謹改爲：「今本作闖，註：『闖，出頭貌。』」

九畫

親

《詩・小雅》：「勿躬勿親。」〔一〕 謹照原文，改爲「弗躬弗親」。

十畫

覭

《爾雅・釋草》：「覭髳，茀離也。」 謹照原書，「《釋草》」改「《釋詁》」。

十三畫

覺

蘇軾《補龍山文》：「驥騄交鶩，鶩蹇先蹶，楚狂醉亂，陏帽莫覺。」 謹照原文，「鶩」改「騖」，「鶩」改「騖」，「陏」改「隕」。

十八畫

觀

又叶掌與切，音「煮」。《詩・小雅》：「維魴及鱮，薄言觀者。」〔二〕箋：「觀，多也。」《韓詩》作「覩」，朱註：「觀叶鱮，鱮音湑。」 謹按：「觀叶鱮」，朱註無此語。「叶掌與切」，乃「者」字之音，非「觀」字之音。 謹改：「又《詩・小雅》：『維魴及鱮，薄言觀者。』箋：『觀，多也。《韓詩》作『覞』。」

角部

角

《埤雅》：「有角曰叫龍。」 謹照原文，「叫龍」改爲「虯龍」。

《爾雅·釋天》：「角、亢，壽星也。」 謹照原文，改：「壽星，角、亢也。」

《周禮·地官·角人》：「掌以時徵齒角凡骨于山澤之農。」 謹照原文，「骨」下增「物」字。

五畫

觜

《說文》：「鴟奞頭上角觜也。」 謹照原文，「奞」改「舊」，「舊」即「鵂」字。

六畫

觡

《禮·樂記》：「角觡生。」註：「無腮曰角。」 謹照原文，「腮」改「鰓」。

又，角索絞也。《淮南子・主術訓》：「桀之力，制觡伸鉤。」謹按：《淮南》註：「觡，角。索，絞也。」乃訓「觡」爲「角」，訓「索」爲「絞」，非訓「觡」爲「角，索絞也」。謹照原文，改爲：「《淮南子・主術訓》：『制觡伸鉤，索鐵歙金。』高註：『觡，角也。』」

解

《史記・封禪書》：「燕人方僊道，形解銷化。」註：「尸解也。」謹照原文，「燕人」改「爲」字，「註」字改「集解」。

《史記・司馬相如傳》：「弄解豸。」註：「解似鹿，一角，一名神羊。」謹照原文，「註解」下增「豸」字。

九畫

觱

《詩・豳風》：「一之日觱發。」〔三〕《說文》作「畢發」。謹照原文，「畢發」改「滭沷」。

十二畫

⿰角喬

揚子《太玄經・上九》：「郭其目，⿰角喬其角。」謹按：此「格」首之「上九」也，「格」字不可省。謹照原文，「上九」上增「格」字。

十三畫

觸 揚雄《校獵賦》：「票禽之紲踰，犀兕之抵觸。」 謹照原書，「《校獵賦》」改「《羽獵賦》」。

言部

言 《論語》：「食不言。」〔四〕 謹照原文，改「寢不言」。

《周禮·春官》註：「言問其不知法度者。」 謹照原文，「不知」改「不如」。

四畫

訧 《詩·國風》：「俾無訧兮。」〔五〕 箋：「訧音尤。」傳：「于其切。」 謹照原書，「箋」改「釋文」，「傳」上增「朱」字。

詾

《詩·小雅》：「降此鞠詾。」〔六〕傳：「鞠，盈。詾，訟也。又，鞠，窮。詾，亂也。」謹照原書，「鞠窮」改「朱傳」。

訬

《集韻》：「七省切，音峭，輕也，江東語。」謹照原文，「七省切」改「七肖切」。

設

《戰國策》：「今先王設爲不宦。」謹照原文，「先王」改「先生」。

五畫

訶

通作「何」。《前漢·賈誼〈治安策〉》：「大譴大何。」謹照原書，「賈誼《治安策》」改「《賈誼傳》」。

訿

《爾雅·釋言》：「翕翕，訿訿，莫供職也。」謹照原書，「《釋言》」改「《釋訓》」。《韓詩外傳》：「不善之意。」謹按：此《韓詩章句》，非《韓詩外傳》也。謹照原書，改：「《詩》釋文引《韓詩》云。」

《左傳·僖十八年》：「從師于訾婁。」　謹照原文，「從」字改「而後」二字。

《襄九年》：「楚師伐宋師于訾母。」　謹照《左傳》原文，「《九年》」改「《十年》」，「楚」字下省「師」字。

《莊子·山水篇》：「無譽無訾。」　謹照原文，「《山水篇》」改「《山木篇》」。

訿

《詩·大雅》：「皋皋訿訿。」孔傳：「訿訿，窳不供事也。」　謹按：傳出於毛公，不出於孔氏，謹將「孔傳」改「毛傳」。

詘

《荀子·解蔽篇》：「辨利非以言，則謂之詘。」　謹照原文，「則謂」改「是謂」。

詎

又《廣韻》《集韻》《韻會》𠀤其據切，巨上聲，義同。　謹按：「其據切」係去聲，非上聲，「上」字謹改「去」字。

詖

《詩·周南·卷耳·序》：「內有進賢之志，而無險詖私謁之心。」箋：「詖，妄加人以罪也。」　謹照原書，「箋」改「釋文」。

詛

《詩・大雅》：「侯作侯祝。」〔七〕釋文作「本或作詛」，傳作「讀爲詛」。　謹照原書，「傳」字上增「朱」字。

六畫

誅

《周禮・秋官・司烜氏》註：「鄭司農云：屋誅爲夷三族。」　謹照原文，「爲」改「謂」。

七畫

誋

《淮南子・繆稱訓》：「目之精者可以消釋，而不可以昭誋。」　謹照原文，「消釋」改「消澤」。

誌

《論語》：「汝以予爲多學而識之者與？」〔八〕　謹照原文，「汝」改「女」。

誎

《廣雅》：「督，促也。」　謹按：《廣雅》原文「誎、督，促也」乃訓「誎督」二字爲「促」，非訓「誎」爲「督促也」。謹照原書文義，改作「誎，促也」。

誑　《曲禮》：「幼子常視無誑。」註：「欺也。」　謹照原書，「註」改「釋文」。

誓　《周禮·天官·大宰》：「祀五帝，則掌百官之誓戒。」鄭箋：「誓戒要之刑，重失禮也。」　謹按：《周禮》註不名爲「箋」，「鄭箋」謹改「註」。「要之」下，照原文增「以」字。

誨　《書·説命》：「朝夕納誨，以輔王德。」　謹照原文，「王德」改「台德」。

説　《易·益卦》：「民説無疆。」　謹照原文，「無疆」改爲「无疆」。

八畫

諍　《説苑·臣術》：「有能盡言于君。」　謹照原書，「臣術」下增「篇」字。

九畫

諜　《左傳・桓十二年》：「楚師伐絞涉彭，羅人使伯嘉諜之。」　謹照原文，「伐絞涉彭」改「分涉於彭」。

諧　《博雅》：「鴆鳥，其雄謂之運目，其雌謂之陰諧。」　謹照原文，「運目」改「運日」。

諮　《後漢・趙典傳》：「朝廷每有災異疑議，輒諮門之。」　謹照原文，「諮門」改「諮問」。

諸　賈誼《治安策》：「繡衣絲履偏諸緣。」　謹照原書，「《治安策》」改「傳」字，「繡」字上照原文增「爲之」二字。

《爾雅・釋魚》「蟾諸」註：「似蝦蟆，居陸地，淮南謂之去蚥。」　謹照原文，「去蚥」改「去蚊」。

諺　《左傳・昭元年》：「諺所謂『老將至而耄及之』。」　謹照原文，「將至」改「將知」。

諿

揚子《太玄經・次七》：「女不女，其心予，覆夫諿。」　謹按：此「戾」首之「次七」也，「戾」字不可省，今照原文，「次七」上增「戾」字。

謀

《左傳・宣十三年》：「貪必謀人。」　謹照原文，「《十三年》」改「《十四年》」。

諉

揚子《太玄經・次二》：「事在樞，不咨不諉，喪其哲符。」　謹按：此「事」首之「次二」也，「事」字不可省。今照原文，「次二」上增「事」字。

謂

《禮・樂記》：「聖明者，述作之謂也。」　謹照原文，「聖明」改「明聖」。

十畫

謑

《荀子・非十二子篇》：「無廉恥而任謑詢，謂詈辱也。」　謹照原文，「任」改「忍」。

諄

《説文》：「語諄諄也。」　謹照原文，改「語諄諄也」。

謝

《禮·曲禮》：「大夫七十而致仕，若不得謝，必賜之几杖。」疏：「謝猶聽也。」　謹照原文，「致仕」改「致事」，「疏」改「註」。

謟

《左傳·昭二十六年》：「天道不謟，不貳其命。」註：「謟，本又作慆。」　謹照原文，「註」字改「釋文」。

《哀十七年》：「天命不慆久矣。」　謹按：　此《昭二十七年傳》，非《哀十七年傳》，今照原文，「哀」字改「二」字。

十一畫

謷

《詩·小雅》：「執我仇仇。」〔九〕傳：「仇仇猶謷謷也。」箋：「謷本又作慠。」　謹照原書，「箋」改「釋文」。

十二畫

譆

《史記·趙世家》：「簡子召之曰：『譆，吾有所見子晰也。』」　謹照原文，「子晰」改

「子晰」。

譖 《詩・大雅》：「譖始竟背。」〔一〇〕箋：「譖本亦作僭。」又，「覆謂我僭。」傳：「僭，不信也，本亦作譖。」 謹照原文，「箋」改「釋文」，「傳」改「箋」。

十三畫

譬 《禮・學記》：「罕譬而諭。」註：「北方之辭。」 謹照原文，「諭」改「喻」，「北方」改「比方」。

議 《易・節・象》：「君子以制度數，議德行。」 謹照原文，「度數」改「數度」。

十五畫

讀 《周禮・天官・小宰・宮正》註：「鄭司農讀火絶之，徐音豆。」 謹按：此《天官・宮正》註，非《小宰》註也。 謹照原文，省「小宰」二字。「徐音豆」上增「釋文」二字。

十六畫

讕

《禮·少儀》：「爲人臣下者，有頌而無讕。」　謹照原文，「頌」上省「有」字。

變

《禮·檀弓》：「夫子之疾病矣，不可以變。」　謹照原文，「疾病」改「病革」。

讏

《管子·形勢解》：「推譽不小之謂讏。」　謹照原文，「不小」改「不肖」。

十七畫

讔

《集韻》：「倚謹切，音隱。庾語也。」　謹照原文，「庾語」改「廋語」。

十八畫

讘

《列子·黃帝篇》：「仲尼曰：『讘，吾與若玩其文也久矣，而未達其實。』」註：「讘音希。」　謹照原文，「音希」改「與譩同」。

《字典·酉集·中》考證目録

《字典·酉集·中》考證

谷部

谷

《公羊傳·僖三年》：「桓公曰：『無障谷。』」註：「《水注》川曰溪，注溪曰谷。」　謹照原文，「溪」改「谿」。

《左傳·襄三十年》：「鄭伯爲窟室夜飲，朝者曰：『公安在？』其人曰：『吾公在壑谷。』」註：「地室也。」　謹照原文，「鄭伯」下增「有」字，「安在」改「焉在」。

豆部

豆

《書・武成》：「執籩豆。」 謹照原文，改「執豆籩」。

《禮・明堂位》：「夏后氏以楬豆，商玉豆，周獻豆。」 謹照原文，「商」改「殷」。

《詩・小雅》：「儐爾籩豆，飲酒之飫。兄弟既翕，和樂且孺。」〔一一〕 謹照原文，「既翕」改「既具」。

三畫

豈

《說文》：「還師振樂也。」 謹照原文，「振」下增「旅」字。

十一畫

豐

《說文》：「豆之豐滿者也。一曰器名。《鄉飲酒》有豐候，亦謂之廢禁。」 謹照原文，「豐候」改「豐侯」。

豕部

五畫

象

《周禮·春官·大卜》：「以邦事作龜之八命，二曰象。」註：「謂災變雲物如衆赤烏之屬。」 謹照原文，「炎變」改「災變」。

六畫

豥

《書·堯典》：「象以典刑。」 謹照原書，「《堯典》」改「《舜典》」。

《左傳·定十四年》：「盍歸我艾豭。」 謹照原文，「歸我」改「歸吾」。

九畫

豭

《史記·衛康叔世家》：「太子與五人介，與豭從。」 謹照原文，「與豭」改「輿豭」，「從」下增「之」字。

《左傳・定十四年》：「宋野人歌曰：『既定爾婁豬，盍歸我艾豭。』」謹照原文，「歸我」改「歸吾」。

豸部

三畫

豹 《周禮・天官・司裘》：「王大射，則供虎侯、熊侯、豹侯。」謹照原文，「供」改「共」。

五畫

貆 《爾雅・釋獸》：「貍子，隸。」註：「今或呼貆貍。」謹照原文，「隸」改「隸」。

貀 《爾雅・釋獸》：「貀無前足。」註：「或說貀似虎而黑，無兩足。」謹照原文，「兩足」上增「前」字。

六畫

貉

《周禮·夏官·職方氏》：「四夷八蠻，七閩八貉。」　謹照原文，「八貉」改「九貉」。

狪

其鳴自呼，名曰狪。　謹照《山海經》原文，改：「名曰狪，狪其鳴自訆。」

二十畫

玃

《説文》：「貑，玃也。」　謹照原文，「貑」改「㹖」。

貝部

三畫

財

又，《禮器》：「設於用財。」　謹照原文，「用」改「地」。

四畫

責

《禮・表記》：「君子與有諸責也。」謹照原文，「與」下增「其」字。

八畫

質

《詩・小雅》：「發彼有的。」〔一二〕傳：「的，質也。」疏：「十尺爲候，四尺爲鵠，二尺曰正，四寸曰質。鵠及正、質皆在候中也。」謹照原文，兩「爲」字竝改「曰」，兩「候」字竝改「侯」。

十四畫

贔

《玉篇》：「贔負，作力貌。」謹照原文，「贔負」改爲「贔屓」。

張衡《西京賦》：「巨靈贔屭。」註：「贔屭，作力之貌。」謹按：「屭」字，《集韻》《廣韻》《玉篇》俱作「屓」，自當以「屓」爲正。今「贔」字註所引「贔負」者三「負」字明係「屓」字之譌，謹照原文，改「屓」。所引「屭」字與屭字，竝謹改「屓」字。

赤部

四畫

赦

《前漢・刑法志》：「三赦，一曰幼弱，二曰老眊，三曰蠢愚。」 謹照原文，「蠢」改「惷」。

走部

走

《詩・大雅》：「予曰有奔走。」〔一三〕 謹照原文，「奔走」改「奔奏」。

七畫

趙

《說文》：「趨趙也。」 謹照原文，「趨」改「趍」。

八畫

趣　《周禮·地官·縣正》：「趣其稼事而賞罰之。」謹照原文，「趣」改「趨」。

足部

四畫

跀　《周禮·冬官·考工記·旊人》：「髻墾薜暴不入市。」謹照原文，「旊」改「瓬」。

七畫

踊　《公羊傳·僖十年》：「晉之不出入者，踊爲文公諱也。」謹照原文，「不」下增「言」字。

八畫

踔

《史記・貨殖傳》：「上谷至遼東踔遠。」　謹照原文，「東」下增「地」字。

十畫

蹇

屈原《離騷》：「瑶臺之偃蹇兮。」　謹照原文，「瑶」上增「望」字。

十一畫

蹢

《説文》：「住足也，一曰蹢躅。賈待中説足垢也。」　謹照原文，「待中」改「侍中」。

十二畫

蹷

《左傳・襄十九年》：「是謂蹷其木。」　謹照原文，「木」改「本」。

十五畫

躒

《左傳・昭九年》：「使荀躒佐下車。」　謹照原文，「下車」改「下軍」。

身部

三畫

躬

班固《東都賦》：「登靈臺乎考休徵。」　謹照原文，「臺」下省「乎」字。

《〈字典·酉集·下〉考證》目録

《字典·酉集·下》考證

車部

二畫

軋

《集韻》：「巳幼切。」　謹照原文，改「己幼切」。

三畫

軎

《玉篇》：「干劌切。」　謹照原文，改「于劌切」。

軒

《禮·樂記》：「坐右憲左。」　謹照原文，「坐右」改「致右」。

四畫

軜

《詩・秦風》：「鋈以觼軜。」〔一四〕箋：「謂白金飾皮爲觼以納物也。」　謹照原書，「箋」改「疏」。

五畫

軨

《禮・曲禮》：「展鈴效駕。」　謹照原文，「鈴」改「軨」。

《前漢・宣帝紀》：「以軨車奉迎曾孫。」註：「軨車，獵車，前有曲鈴。」　謹照原文，「以軨」下增「獵」字。註中「軨車獵車」改「載獵車」，「曲鈴」改「曲軨」。

又，顛軨，地名。《左傳・僖二年》：「入自顛軨。」　謹照原文，兩「顛」字竝改「顚」。

軷

《周禮・夏官・大馭》：「掌玉路以祀及犯軷。」　謹照原文，「掌」下增「馭」字。

軼

《楚辭・九歎》：「軼迅風于清源。」　謹照原書，「《九歎》」改「《遠遊》」。

六畫

較　《後漢・輿服志》：「金簿繆龍，爲輿倚較。」　謹照原文，「金簿」改「金薄」。

輅　《儀禮・既夕》：「賓奉幣，當前輅，致命。」註：「輅，轅縛，所以屬靷。」疏：「謂以木縛于轅上，以屬靷而輓之。」　謹照原文，兩「靷」字竝改「引」。《後漢・張湛傳》：「禮，下公門，式輅馬。」註：「輅，大也。君所居曰輅寢，車曰輅馬。」　謹照原文，「式」改「軾」，註「車曰輅馬」改「車曰輅車」。

輇　《説文》：「蕃車下庳輪也，一曰無輻車，斫直木爲之，如椎輪。」　謹照原文，「無輻車」改「無輻也」，「斫直」改「直斫」。

載　《書・洛誥》：「丕視工載。」註：「視群臣有功者記載之。」　謹照原文，「工載」改「功載」。

七畫

輒

《穀梁傳》：「輒者何？兩足不相過也。」　謹照原文，「不」字下增「能」字。

輔

《詩・小雅》：「無棄爾輔。」〔一五〕註：「輔以佐車，可解脱之物。今人縛杖于輻，防輔之脱也。」　謹照原文，「無棄」改「乃棄」，「註」改「疏」，「防輔之脱」改「以防輔車」。

八畫

輠

《禮・雜記》：「叔孫武叔朝，見輪人以其杖關轂而輠輪。」註：「關，穿也。輠，迴也。」　謹照原書，「註」改「疏」。

輂

《左傳・莊十一年》：「南宫萬以乘車輂其母。」　謹照原文，「《十一年》」改「《十二年》」。

九畫

輮

《周禮·冬官·考工記》：「行澤者反輮，行山者仄輮。」註：「澤地多泥，反輮者，反其木裏，使需者在外，欲其滑也。」　謹照原文，「需者」改「耎者」。

輴

《禮·喪大記》：「大夫葬同輴。」　謹照原文，「同」改「用」。

輹

《釋名》：「輹，伏也。曰伏兔者，伏于軸上，似之也。」　謹照原文，「《釋名》」下改「車伏兔，又曰輹，輹伏也，伏于軸上也。」

十畫

輿

《後漢·輿服志》：「上古聖人觀轉蓬，始爲輪，輪行不可載，因物生智，後爲之輿。」　謹照原文，「後爲之輿」改「復爲之輿」。

又，《廣韻》：「權輿，始也。造衡自權始，造車自輿始也。」　謹按：《廣韻》無此語，查係《韻會》，謹將「《廣韻》」改「《韻會》」。

輳

《前漢·廟祀歌》：「四極爰輳。」 謹照原文，「廟」改「郊」。

輂

《左傳·哀六年》：「差車鮑點。」註：「鮑點，牧臣也。」 謹照原文，「鮑點，牧臣也」改「點鮑，牧臣也」。

十一畫

轈

《左傳·成十六年》：「楚子登巢車以望晉軍。」註：「巢本作轈。」 謹按：「註」無此語，謹改「釋文：《説文》作轈」。

十二畫

轏

《左傳·成二年》：「逢丑父寢于轏車。」 謹照原文，「轏車」改「轏中」。

轍

《周禮·春官·巾車》：「藻車藻蔽。」註：「當爲轍。」 謹照原註，改「故書藻作轍」。

轓　《前漢·景帝紀》：「名二千石車朱兩轓，千石至六百石朱左轓。」　謹照原文，「名」改「令」。

十三畫

轙　《爾雅·釋器》：「軶上環轡所貫也。」　謹照原書，「《釋器》」下增「註」字。

轚　《玉篇》：「舟車序行也。」　謹按：語出《集韻·去聲·十二霽》，不出《玉篇》。「《玉篇》」今改「《集韻》」。

十四畫

轞　《前漢·陳餘傳》：「轞車膠致。」　謹照原文，「陳餘」改「張耳」，「膠致」二字改爲「詣長安」。

十六畫

轆

《爾雅・釋器》：「車轅上謂之轆。」 謹按：語出《小爾雅》，不出《爾雅》。謹改：「《小爾雅》：『車轅上者謂之轆。』」

揚子《方言》：「車轉，齊謂轆。」 謹照原文，「謂轆」改「謂之轆」。

轙

《淮南子・説山訓》註：「轙，所以縛銜者也。」 謹照原文，「縛銜」改「納衡」。

十八畫

轞

《禮・曲禮》：「立視五巂。」註：「巂猶規也。」陸佃曰：「乘車之輪，六尺有六寸。五巂之衺，三丈二尺。」 謹按文義，「二尺」改「三尺」。

辛部

五畫

辜 《爾雅·釋歲》：「十一月爲辜月。」 謹照原文，「《釋歲》」改「《釋天》」，「辜」下省「月」字。

六畫

辟 又與「擘」同，析裂也。《禮·喪大記》：「爲三不辟。」註：「大斂之絞，既小不復，擘裂其末。」 謹按：「爲三」二字，文義未全。謹照原文，「爲三」上增「絞一幅」三字。「註」改「疏」。

辰部

辰

《左傳·桓二年》：「三辰旂旗。」註：「日照晝，月照夜，星運行於天，昏明遞匝。」　謹照原文，「註」改「疏」。

辵部

三畫

达

王褒《洞簫賦》：「其妙聲，則清静厭瘱，順敘卑达。」　謹照原文，「瘱」改「瘱」。

辺

《集韻》：「居吏切，音寄。」　謹按：《集韻》「居吏切」，以「記」字爲首，不與「寄」同音。「音寄」，謹改「音記」。

《說文》：「古之遒人，以木鐸記言。」　謹照原文，「言」上增「詩」字。

迂

《後漢・王龔傳》：「其言甚迂，其效甚近。」　謹照原文，「龔」改「暢」，「甚迂」改「若迂」。

《管子・君臣篇》：「民迂則流之，民大流則迂之。」　謹照原文，「大流」改「流通」。

四畫

迎

《史記・龜筴傳》：「理達于理，文相錯迎。使工召之，所言盡當。」　謹照原文，「召之」改「占之」。

迓

又通作「御」。《周禮・夏官・田僕》：「設驅逐之車。」註：「驅禽使前趨獲，逆御還之，使不得出圍。」　謹照原文，「驅逐」改「驅逆」，「不得出圍」改「不出圍」。

返

《秦嘉傳》：「遣車迎子還，空去復空返。」〔一六〕　謹按：此係秦嘉詩，「傳」改「詩」。

迓

《字彙補》：「居以切，音己。」謹按：「己」當作「己」，謹改「己」。

五畫

迣

《前漢・鮑宣傳》：「部落鼓鳴，男女遮迣。」註：「言聞桴鼓之聲，爲有盜賊，皆當遮迣而追捕也。」謹照原註，「爲」字上增「以」字，「遮迣」改「遮列」。

迤

《爾雅・釋訓》：「迤邐，旁行也。」謹按：此《爾雅・釋邱》註，非《釋訓》文。謹照原文，「《釋訓》」改作「註」。於「旁行」下，增「連延」二字。

迪

《詩・大雅》：「維此良人，弗求弗迪，叶下弗毒。」〔一七〕謹照原文，「弗毒」改「復毒」。

迫

《楚辭・哀時命》：「衆比周以相迫兮。」謹照原文，「相迫」改「肩迫」。

迮

《後漢・竇融傳》：「囂執排迮，不得進退。」註：「排迮，蹙也。」謹照原文，「執」改

「執」，「蹵也」上增「迫」字。

六畫

逈　揚子《太玄經》：「中冥獨達，逈逈不屈。」註：「中心冥冥逈達，故通而不盡。」　謹照原註，「逈達」改「獨達」。

迹　《前漢・平當傳》：「深迹其道，而務修其本。」註：「謂循其踪迹。」　謹照原註，「循」改「求」。

《後漢・西域傳》：「漢有迹射。」　謹按：《後漢・西域傳》無此語，查係《王尊傳》。今改：「《前漢・王尊傳》：『將迹射士千人。』」

迺　賈誼《治安策》：「太子迺生。」　謹照原書，「賈誼《治安策》」改「《前漢・賈誼傳》」。

迻　《楚辭・九章》：「屢懲艾而不迻。」　謹照原書，「《九章》」改「《九歎》」。

追

《周禮・秋官・士師》：「掌卿合以比追胥之事。」　謹照原文，「卿」改「鄉」。

又「母追」，冠名。《禮・郊特牲》：「母追，夏后氏之冠也。」註：「母追讀爲牟堆，別作頧。」　謹照原文，兩「母」字竝改「毋」，「冠」改「道」，「註」以下改：「釋文：『上音牟，下多雷反。』」

又與「隨」通。《楚辭・九歎》：「背繩墨以追曲兮。」　謹照原書，「《九歎》」改「《離騷》」。

迾

張衡《西京賦》：「迾卒清侯。」　謹照原文，「侯」改「候」。

送

《前漢・食貨志》：「迺徵諸犯，令相引數千人，名株送。」〔一八〕註：「先至者爲魁株，被牽引者謂其根株所送也。」　謹照原註，「謂」改「爲」。

逃

《史記・高帝紀》：「項羽圍成皋，漢王跳。」　謹照原文，「高帝」改「高祖」。

《前漢・劉澤傳》：「跳驅至長安。」註：「跳音逃。」　謹照原文，「劉澤」改「燕王澤」。

註「跳音逃」語見《史記》，不在《漢書》。今移於上文「漢王跳」之下。

《說文》：「逃一作遞，俗作迯。」謹按：《說文》無此語，今照《集韻》改爲：「《集韻》：『逃俗作迯，非是。』」

逢

《後漢·劉玄傳》：「郡人逢安。」註：「逢字从夆。」謹照《後漢書》原文，改《劉盆子傳》。「註逢字从夆」改「劉攽曰从夆」。

七畫

退

《玉篇》：「敗走也。今通用敗。」謹照原文，「敗走」改「散走」。

逐

《左傳·昭元年》：「自無令諸侯逐進。」謹照原文，「令」下增「王」字。

逑

《爾雅·釋訓》：「維逑，鞫也。」註：「逑，急迫也。鞫，窮也。」謹照原書，「註」改「疏」。

通

《爾雅·釋歲》：「四時通政。」　謹按：原文作「四時和爲通正」，「和爲」二字不可删。今改：「《爾雅》：『四時和爲通正。』」又《爾雅》無「釋歲」〔一九〕，今省。

《白虎通》，班彪著。　謹照原書，「班彪」改「班固」。

又，書首末全曰通。《後漢·崔寔傳》：「政論一通。」　謹照原文，「政論一通」改「宜寫一通」。

《前漢·地理志》：「方里爲井，井十爲通。」　謹按：語出《刑法志》，不出《地理志》，今改「《刑法志》」。

又馬矢曰通。《後漢·戴就傳》：「傳以馬通。」　謹照原傳，改「以馬通薰之」。

逞

揚子《方言》：「東齊海岱之閒，疾行曰速，楚曰逞。」　謹照原文，「疾」下省「行」字。

速

《楚辭·九歌》：「躬速速而不吾親。」　謹照原書，「《九歌》」改「《九歎》」。

造

《周禮·天官·膳夫》：「卒食以徹于造。」　謹照原文，「徹」上增「樂」字。

逡 《楚辭·九章》：「逡次而勿驅兮。」 謹照原文，「逡次」上增「遷」字。揚子《方言》：「日運爲纏，月運爲逡。」 謹照原文，「纏」改「躔」。

逢 符容切，音蓬。 謹按：「逢」在《冬韻》，「蓬」在《東韻》，「逢」字不音「蓬」。 謹照《廣韻》「逢」字同音之字改爲「縫」。

《爾雅·釋歲》：「太歲在甲曰閼逢。」 謹照原書，「《釋歲》」改「《釋天》」。

連 《史記·尉陀傳》：「及蒼梧秦王有連。」註：「連姻也。」 謹照原文，「尉陀」改「尉佗」。

《前漢·霍光傳》：「去北地，遂入祈連山。」 謹照《前漢書》原文，「霍光」改「霍去病」。「去北地」改「出北地」。「遂入」改「至」字。

八畫

逯 《風俗通》：「逯，秦邑，其大夫封于逯，因氏焉。前漢蒙鄉侯逯普、王莽大司馬逯並、後趙逯明。」　謹按：「逯並」誤作「逯普」。「蒙鄉侯」與「大司馬」是一人，不得分以爲二。今照《漢書・翟方進傳》，「逯普」改「逯並」。「王莽大司馬逯並、後趙逯明」，照《廣韻》「逯」字註，改「後趙録金紫光禄大夫逯明」。

逮

《前漢・郊祀歌》：「青陽開動，根荄以遂，膏潤并受，跂行必逮。」　謹照原文，「受」改「愛」，「必」改「畢」。

進

《廣韻》《集韻》《韻會》《正韻》夶郎刃切，音晉。　謹照原文，「郎」改「即」。

《列子・湯問篇》：「王薦而問之。」註：「薦猶進也。」　謹照原文，改：「穆王薦之。張註：『薦當作進。』」

《史記・高帝紀》：「蕭何爲主吏主進。」註：「主賦斂禮錢也。」師古曰：「進本作贐，聲轉爲進。」　謹按：所引係《前漢書》註，則正文亦當引《前漢書》，「《史記》」改「《前漢》」。

逵

《左傳・隱十一年》：「入及大逵。」註：「涂方九軌曰逵。」　謹照原文，省「入」字，

「註」以下改：「杜註：『逵，道方九軌也。』」

九畫

㥞

《史記・倉公傳》：「脈盛者爲重陽，重陽者㥞心主。」註：「㥞者，蕩也，謂病之蕩心者，猶刺其心也。」謹照原註，省「之」字。

張衡《思玄賦》：「爛熳麗靡，藐以迭㥞。」謹照原文，「熳」改「漫」。

遁

《後漢・杜林傳》：「上下相遁。」註：「謂上下相匿，以文避去也。」謹照原文，「避去」改「避法」。

遂

《詩・衛風》：「問我諸姑，遂及伯姊。」〔二〇〕謹照原書，「《衛風》」改「《邶風》」。

又《前漢・孟卿傳》：「弟子遂之者。」謹按：所引見《胡母生傳》，不在《孟卿傳》，「《孟卿》」改「《胡母生》」。

《禮・鄉飲酒義》：「節文終遂也。」謹照原文，「也」改「焉」。

《周禮・地官・大司徒》：「五縣爲遂，王國內有六鄉，外有六遂。」謹按：所引出

《遂人》，「《大司徒》」改「《遂人》」。

遄

《詩·衛風》：「遄臻于衛。」〔二〕 謹照原書，「《衛風》」改「《邶風》」。

遇

《禮·曲禮》：「諸侯未及相見曰遇。」 謹照原文，「未及」下增「期」字。

《史記·天官書》：「氣相遇者，使卑勝高。」 謹照原文，省「使」字。

運

《禮·曲禮》：「君子欠伸運笏。」 謹照原文，「《曲禮》」改「《少儀》」。

《越語》：「廣運百里，東西爲廣，南北爲運。」 謹照原文，「百里」下增「註」字。

蔡邕《遠行賦》：「彌信宿而後闋，緜威遺以東運。陽光見之顥顥兮，怄少弭之有欣。」

謹照原文，「遠」改「述」；「緜威遺」改「思逶迤」，「陽光見」改「見陽光」，省「兮」字，「怄」改「懷之」，「有欣」改「而有欣」。

過

《史記·賈誼傳》：「自以爲過之，今殆不及也。」 謹照原書，「賈誼」改「賈生」。又原文無「殆」字，今省。

紀》。《史記·高帝紀》：「聞將軍有意督過之。」 謹按：所引出《項羽紀》，不出《高帝紀》。謹照原書，「《高帝紀》」改「《項羽紀》」，「將軍」改「大王」。

遐 《釋名》：「過所至關津以示也。或曰：傳，過也，移所在識以爲信。」 謹按：《太平御覽》引《釋名》原文：「傳，轉也，轉移所在，識以爲信。」今照改。

遐 《楚辭·九章》：「氾容與而遐舉兮。」 謹照原書，「《九章》」改「《遠遊》」。

遒 《爾雅·釋木》：「抱，遒木。」註：「謂木叢。」 謹照原文，「抱」改「枹」，「木叢」下增「生」字。

十畫

遘 《爾雅·釋訓》：「遘、逢、遇、遻，見也。」 謹照原書，「《釋訓》」改「《釋詁》」。

遜 《書·大甲》：「有言遜于汝心。」 謹照原文，「大」改「太」，「心」改「志」。

遝

《前漢·劉向傳》：「周文開基，西郊雜遝。」　謹按：《劉向傳》「雜遝」二字屬下句，不屬上句。今照原文句讀，改爲「雜遝衆賢，罔不肅和」。

王褒《洞簫賦》：「鶩合遝以詭譎。」　謹照原文，「鶩」改「騖」。

遞

《前漢·王莽傳》：「絳侯依諸將之遞據相扶之勢。」註：「言諸將同心，圍繞附翼也。」

謹照原文，「附」改「扶」。

十一畫

違

《字彙》依《集韻》訓作「週違」。《正字通》力辨「週違」之非，亦無援據，因詳載《戴禮》，以備考証。　謹按：「証，諫也。」非「考證」之「證」，謹改「證」。

適

賈誼《治安策》：「以是爲適然耳。」　謹照原書，改「《前漢·賈誼傳》」。

《前漢·王霸傳》：「軍馬不適亡。」註：「馬少士多，不相補滿。」　謹按：《黄霸傳》「又發騎士詣北軍」爲句，「馬不適士」爲句，「軍馬」二字不連讀。今照原文，「王霸」改「黄霸」，「馬」上去「軍」字，「亡」字改「士」字。

《禮·祭儀》：「適士二廟。」謹照原書，「祭儀」改爲「祭法」。

《禮·燕儀》：「君獨升立席上，西面特立，莫敢適之義也。」謹照原書，「燕儀」改「燕義」。

又與「謫」同。《詩·衛風》：「室人交徧適我。」又《商頌》：「勿予禍適。」〔二二〕謹按：《衛詩》作「讁」，不作「適」，此係誤引，今省去。於「勿予禍適」下增引：「又《孟子》：『人不足與適也。』」

遂

謹按：此字从「永」不从「水」，故列十一畫，謹改「遂」。

遮

又叶之弋切，「灼」平聲。司馬相如《上林賦》：「山（林）〔陵〕爲之震動，川谷爲之蕩波。巴渝宋蔡，淮南《（于）〔干〕遮》。」謹按：《韻會小補》「遮」叶「之戈切」，故入「歌韻」，與「波」相叶，據改「之戈切」。

十二畫

遷

《書·益稷》：「何遷乎有苗。」　謹照原書，改爲「《皋陶謨》」。

左思《吴都賦》：「君遷平仲。」　謹照原文，改「平仲君遷」。

選

《史記·平準書》：「白金三品，其一圜之以文龍，名白選。」　謹照原文，「以文龍」改「其文龍」。

又與「巽」通。《後漢·清河王傳》：「選懦之恩，知非國典。」註：「選懦，仁柔慈惠不決之意也。」　謹按：《清河王傳》「選懦」不作「巽懦」，註内亦不音「巽」，不得云與「巽」通。今改「又與巽通」爲「又選懦，仁弱也」，並照原註，「仁柔慈惠」改「仁弱慈戀」。

《前漢·公孫賀傳贊》：「斗筲之人何足選。」　謹照原文，「之人」改「之徒」。

十三畫

邀

《晉書·陶潛傳》：「王宏令潛故人賣酒，於半道邀之。」　謹照原文，「賣」改「齎」。

邃

《後漢·百官志》：「聖人處天子之位，服玉藻，邃延日月，所以副其德、彰其功也。」謹照原書，「《百官志》」改「《輿服志》」。

邅

《楚辭·九諫》：「蹇邅迴而不能行。」　謹照原書，「《九諫》」改「《哀時命》」。

十四畫

邇

《左傳·文十七年》：「以陳、蔡之密邇。」　謹照原文，「邇」下增「於楚」二字。

邈

屈原《離騷》：「神高馳之邈邈。」又《九章》：「邈不可慕也。」　謹照原文，改「邈而不可慕」。

十五畫

邊

《左傳·成十三年》：「搖蕩我邊疆。」　謹照原文，「搖蕩」改「蕩搖」。

十九畫

邏

杜甫詩：「春山紫邏長。」　謹照杜甫《送賈閣老出汝州》詩原句，改「雲山紫邏深」。

邑部

四畫

邥

《左傳·文十七年》：「周甘歜敗戎于邥垂。」註：「邥垂，周地，河南新城縣北有垂亭。」　謹照原文，三「垂」字𠀤改「垂」。

邪

《史記·天官書》：「如星非星，如雲非雲，名曰歸邪。」　謹照原文，「名」改「命」。

《詩·邶風》：「其虛其邪，既亟只且。」〔一三〕　謹照原文，「邱」改「邶」。

五畫

邳　《前漢・諸侯王表》：「上邳侯郢客。」　謹照原書，「《諸侯王表》」改「《王子侯表》」。

六畫

郁　《玉篇》：「郁鄢，縣名，在犍爲。」　謹照原文，「鄢」改「鄔」。

郅　《史記・封禪書》：「文王改制，爰周郅隆。」　謹按：所引出《司馬相如傳》，謹據改。

郇　《左傳・僖二十四年》：「秦師退，軍于郇。」　謹照原文，「秦師」改「晉師」。

郈　《春秋・定九年》：「叔孫何忌帥師圍郈。」註：「在東平無鹽縣東南。」　謹照原文，「《九年》」改「《十年》」。「叔孫」下增「州仇仲孫」四字。「在東平無鹽縣東南」，改「叔孫氏邑」。

郊

《詩・衛風》：「碩人敖敖，説于農郊。」〔二四〕註：「讀若高。」　謹照原文，「註讀若高」改「集傳：叶音高」。

七畫

郶

《集韻》：「雨舉切。」　謹照原文，「雨舉」改「兩舉」。

郎

《春秋・隱元年》：「費伯帥師城郎。」註：「魯地高平，方輿縣東南有郁郎亭。」　謹照原文，「《春秋》」改「《左傳》」。「方輿」改「方與」。

《史記・司馬相如傳》：「陛下築郎臺，恐其不高。」　謹按：所引出《前漢・東方朔傳》，今據改。並照原文，「陛下」上增「今」字，「築」字改「累」字。

郟

《字彙補》：「門郊之室曰郟室。」　謹照原文，「門郊」改「門郟」。

《大戴禮》：「雍人割雞屋下，當門郟室。」〔二五〕　謹按：「郟室」二字屬下文讀，不與「當門」相連。今照原文，改「郟室，雍人割雞于室中」。

八畫

鄙

《廣韻》：「居也。一曰五百里爲鄙。」 謹按：所引出《玉篇》，今照改。「五百里」改「五百家」。

《釋名》：「鄙，長也，聚所尊長也。」 謹照原文，「聚」上增「一」字。

部

《前漢·地理志》：「置刺史部十三州。」 謹照原文，改「凡十三部置刺史」。

《晉書·天文志》：「北斗七星，七曰部星，亦曰應，主兵。」 謹照原文，「應」下增「星」字。

《周禮·冬官·考工記·輪人》：「爲蓋部長二寸。」 謹照原文，「二寸」改「二尺」。

郭

《春秋·莊二十四年》：「赤歸于曹郭公。」《穀梁傳》：「赤者何？蓋郭公也。」 謹按：「赤者何」二句，出《公羊傳》，《穀梁》改《公羊》。

郯

《昭十六年》：「郯子來朝。」 謹照原文，「《十六年》」改「《十七年》」。

聊

《禮·檀弓》："孔子少孤，不知父墓。問于聊曼父之母。" 謹照原文，"父墓"改"其墓"。

《史記·孔子世家》："孔子生于昌平陬邑。" 謹照原文，"于"改"魯"。

郱

《春秋·莊元年》："齊師遷紀、郱、鄑、郚。"註："郱在東筦臨朐縣東南。" 謹照原文，"東筦"改"東莞"。

郲

《左傳·隱十一年》："公會鄭伯于時來。"註："時來，郲也。滎陽縣東有郲城，鄭地也。" 謹照原文，"《左傳》"改"《春秋》"。"郲城"改"釐城"。

郵

《晉書·陶侃傳》："郡遣督郵至縣。" 謹按：所引出《陶潛傳》，"侃"改"潛"。

九畫

郼

《呂覽·慎大篇》："湯爲天子，夏民親郼如夏。"〔二六〕高繡曰："郼讀如衣，今兗州人謂殷氏皆曰衣。」　謹照原文，「高繡曰」改「高註」。

《呂覽・憤勢篇》：「湯其無郼，武其無岐，豐也。」註：「郼，殷舊封國名。」　謹照原文，「《憤勢篇》」改「《愼勢篇》」。「武其無岐」下，省「豐也」二字，增「不能成功」二字〔二七〕。「註：郼，殷舊封國名」改「註：郼，湯之本國」。

都

《左傳・隱元年》：「大都不過參國之一。」註：「凡邑有先君之廟曰都，無曰邑。」　謹按：所引註是《莊二十八年左傳》，非《隱元年》註。今照《左傳》原文，改：「《莊二十八年》：『凡邑有宗廟先君之主曰都。』」

鄆

《春秋・成九年》：「楚公子嬰齊帥師伐莒，莒潰，楚遂入鄆。」　謹照原文，「遂」改「人」。

十畫

鄋

《說文》：「北方長狄國也。在夏爲防風氏，在殷爲汪芸氏。」　謹照原文，「芸」改「芒」。

鄔《左傳・隱十一年》：「王取鄔、劉、蔿、邘之田于鄭。」 謹照原文，「邘」改「邘」。

鄗《左傳・哀四年》：「齊國夏伐晉，取邢、欒、任、鄗。」 謹照原文，「欒任」改「任欒」。

十一畫

鄙老子《道德經》：「衆人皆有以，我獨頑且鄙。」 謹照原文，「且」改「似」。

鄚《史記・趙世家》：「燕鄚易。」註：「皆屬涿郡。」 謹照原文，「燕」上增「與」字。

鄛《後漢・光武紀》：「繫銅馬于鄛。」 謹照原文，「繫」改「擊」。

十二畫

鄧《春秋・桓十年》：「鄧侯離吾來朝。」 謹照原文，「《十年》」改「《七年》」，「離吾」改「吾離」。

鄩　《左傳·昭二十二年》：「周子朝之亂，二師圍郊。癸卯，郊鄩潰。」謹照原文，「《二十二年》」改「《二十三年》」。「周子朝之亂」，改「正月壬寅朔」。

鄗　《廣韻》：「居夭切，音喬。」又《玉篇》：「九小切，音矯。」義同。謹按：「居夭切」，音「矯」，不音「喬」。謹照《廣韻》，「喬」改「矯」，於「《玉篇》」下省「矯」字。

鄫　《春秋·僖四年》：「鄫子來朝。」註：「鄫國，在琅邪鄫縣。」謹照原文，「《四年》」改「《十四年》」。「鄫子」上，增「使」字。註「在」字，改「今」字。

十六畫

鄸　《左傳·哀十七年》：「宋皇麇奪其兄鄸般之邑。」謹照原文，「麇」改「麋」，「般」改「般」。

十七畫

酃

《後漢・郡國志》：「酃，地名。《荆州記》：『地有酃湖，周迴三里，取湖水爲酒，極其甘美，因以得名焉。』」 謹按：《後漢書》無「酃地名」三字，亦無「因以得名」之語。今照原文，改：「酃屬長沙郡。劉昭註引《荆州記》曰：『有酃湖，周迴三里，取湖水爲酒，酒極甘美。』」

十八畫

酇

《正字通》：「城濮之戰，楚師背酇而合。」 謹照《左傳》原文，「合」改「舍」。

酉部

二畫

酋

《前漢・敘傳》：「《説難》既酋，其身。」 謹按原文，「其身迺囚」四字爲句，「迺囚」二字不可省。謹照原文，「其身」下增「迺囚」二字。

三畫

酌

《禮·曲禮》：「酒曰酒酌。」 謹照原文，「酒酌」改爲「清酌」。

《禮·孔子閒居》：「上酌民言，則下天上施。」 謹按：所引出《坊記》，今照改「《禮·坊記》」。

《周語》：「後王斟酌焉。」 謹照原文，「後」字上增「而」字。

《史記·建元以來王子侯者年表》：「平酌侯菑川懿王子。」註：「屬北海。」 謹照原文，「屬」字上增「志」字。

酒

《周禮·天官·酒正》「女酒」註：「女奴燒酒者。」 謹照原文，「燒酒者」改「曉酒者」。

七畫

醒

《前漢·禮樂志》：「柘漿析朝醒。」 謹照原文，「柘漿」上增「泰尊」二字。

醐

《説文》：「王德廣布，大歓酒也。」　謹照原文，「德」下省「廣」字。

八畫

醇

《禮·内則》：「有濫無涼。」　謹照原文，改「漿水醷濫」。

醁

《荆州記》：「淥水出豫章康樂縣，其間烏程縣有井，官取水爲酒。」　謹照原文，「烏程縣」改「烏程鄉」。

十一畫

醫

《周禮·天官·醫師》註：「醫師，衆醫之長。」疏：「掌醫之政令，聚毒藥以供醫事。」　謹照原文，改「醫而掌醫之政令，聚毒藥以供醫事。註：『醫師，衆醫之長也。』」

十三畫

醴

《爾雅·釋四時》：「甘雨時降，萬物以嘉，謂之醴泉。」　謹照原書，「釋四時」改「《釋天》」。

十八畫

釁 《禮·樂記》：「車甲釁而藏之武庫。」 謹照原文，「武庫」改「府庫」。

釂 班固《西都賦》：「陣輕騎以爲炰，騰酒車以斟酌。割鮮飲食，舉烽命釂。」 謹照原文，「陣」改「陳」，「爲」改「行」，「飲」改「野」。

釆部

釆 《禮·明堂位》：「九釆之圖。」 謹照原文，「圖」改「國」。

十三畫

釋 《前漢·食貨志》：「今農事棄捐，而采銅者日蕃。釋其耒耨，冶鎔炊炭。」 謹照原文，「冶」改「冶」。

里部

二畫

重

《禮·緇衣》：「臣儀刑不重辭。」　謹照原文，「刑」改「行」。

四畫

野

《左傳·昭十七年》：「使野司寇各保其徵。」　謹照原文，「《十七年》」改「《十八年》」。

五畫

量

《禮·檀弓》：「凡祭宗廟之禮，幣曰量幣。」　謹照原書，「《檀弓》」改「《曲禮》」。

【校注】

〔一〕見《小雅·節南山》。

〔二〕見《小雅·采綠》。

〔三〕見《豳風·七月》。
〔四〕見《論語·鄉黨》。
〔五〕見《國風·緑衣》。
〔六〕見《小雅·節南山》。
〔七〕見《大雅·蕩》。
〔八〕見《論語·衛靈公》。
〔九〕見《小雅·正月》。
〔一〇〕見《大雅·瞻卬》。
〔一一〕見《小雅·常棣》。
〔一二〕見《小雅·賓之初筵》。
〔一三〕見《大雅·緜》。
〔一四〕見《春風·小戎》。
〔一五〕見《小雅·正月》。
〔一六〕見漢·秦嘉《贈婦詩三首其一》，今載逯欽立輯《先秦漢魏晉南北朝詩》，一九八三，中華書局。
〔一七〕見《大雅·桑柔》。
〔一八〕「株送」後當補「徒」字。
〔一九〕「釋歳」改「《釋天》」。

〔二〇〕見《邶風・泉水》。

〔二一〕同〔二〇〕。

〔二二〕見《邶風・北門》、《商頌・殷武》、《孟子・離婁上》。

〔二三〕見《邶風・北風》。

〔二四〕見《衛風・碩人》。

〔二五〕見《大戴禮記・諸侯釁廟》。

〔二六〕此引《慎大覽》，爲節引。

〔二七〕「二」改「四」。

戊集

《〈字典·戌集·上〉考證》目録

《字典·戌集·上》考證

金部

金

《前漢·宣帝紀》：「金芝九莖，産於丞德殿銅池中。」 謹照原文，「丞德殿」改「函德殿」。

四畫

鈲

楊子《方言》：「斲也，晉、魏之閒謂之鈲鈲。」 謹照原文，「晉、魏」改「晉、趙」。

鈆

《爾雅》：「南至於濮鈆，北至於祝粟。」 謹照原文，「祝粟」改「祝栗」。

鈔

《周禮·夏官·射鳥氏》:「敺烏鳶。」註:「烏鳶喜鈔盜,便汙人。」 謹照原文,「喜」改「善」。

五畫

鉈

《廣韻》:「式支切,音詩。」 謹按:「詩」音「申之切」,與「鉈」不同音。「施」音「商支切」,與「鉈」同音。謹改「音詩」爲「音施」。

又《類篇》:「施智切,音屍。」 謹按:「屍」音「升脂切」,與「鉈」不同音。「翅」音「施智切」,與「鉈」同音。謹改「音屍」爲「音翅」。

鉏

又《廣韻》:「誅也。《韓書外傳》:『衆之所誅鋤也。』」 謹照原書,「韓書」改「韓詩」。

鉗

又鋷也。《後漢·梁冀傳》:「妻孫壽性鉗忌。」註:「鉗,取也,言性忌害,如鉗之能鋷物也。」 謹按:《漢書》注:「鋷本作鈱,音輒。又音聶,拔髮也。」「鋷」音「最」,錐屬,與鉗物之義不同。今照原文,「鋷也」改「鈱也」,「鋷物」改「鈱物」。

六畫

銅　《左傳・襄三十一年》：「銅鞮之宮數里。」註：「銅鞮，晉離宮。」　謹照原文，兩「鞮」字从改「鞮」。

銍　又通作「餌」。《史記・秦本紀》：「百里奚曰：『臣嘗游困於齊，而乞食銍人。』」徐廣曰：「銍，一作餌。」　謹照原文，「銍一作餌」，改「餌一作銍」。

銚　《詩・周頌》：「痔乃錢鎛。」[一]　謹照原文，「痔」改「庤」。

七畫

銳　《爾雅・釋邱》：「再成銳上爲融邱。」釋文：「銳音惠。」　謹按：「銳」與「惠」不同音，「銳」字不得音「惠」，釋文無「銳音惠」三字。　謹照原文，改爲「唯歲反」。

鋘　鋘鋘，山名，出金，可作刀以切玉。《列子・殷湯篇》作「錕鋙」。　謹照原書，改「《湯問篇》」。

八畫

鋼 《列子·殷湯篇》：「鍊鋼赤刃，用之以切玉，如切泥焉。」 謹照原書，改「《湯問篇》」。

錕 《列子·殷湯篇》：「錕鋙之劒。」 謹照原書，改「《湯問篇》」。

錚 《東觀漢記》：「段熲有功而還，介士鼓吹錚鐸。」 謹據《後漢書》，「段熲」改「段熲」。

錞 《周禮·地官·封人》：「以金錞和鼓。」 謹照原文，「《封人》」改「《鼓人》」。

錢 《正字通》：「治銅爲錢，易貨也。太公望立《九府圖法》。」 謹照原文，「圖法」改「圜法」。

《詩·周頌》：「庤乃錢鎛。」〔二〕 謹照原文，「痔」改「庤」。

錨　焦竑《俗書刊誤》：「即令船首尾四角乂。」〔三〕　謹照原文，「四角乂」改「四角叉」。

錫　《左傳・文十一年》：「楚伐麇至於錫穴。」　謹照原文，「伐麇」改「伐麇」。

錯　《易・繫辭》：「苟錯諸地則可矣。」　謹照原文，「則可矣」改「而可矣」。

九畫

鍛　《後漢・韋彪傳》：「鍛鍊之吏，持心進薄。」註：「言文深之吏，入人之罪，猶工冶陶鑄鍛鍊，使之成熟也。」　謹照原文，「文深」改「深文」。

鍥　《荀子・勸學篇》：「鍥而舍之，朽木不朽。」　謹照原文，「不朽」改「不折」。

《左傳・定九年》：「盡借邑人之車鍥其軸，麻。」　謹按：原文「鍥其軸」爲句，「麻約而歸之」爲句，「麻」字不連上讀，謹省「麻」字。

鍭　班固《東都賦》：「列刃鑽鍭。」　謹照原文，「《東都賦》」改「《西都賦》」。

鍰　《書・吕刑》：「其罰百鍰。」釋文：「鍰，户關反，六兩也。鄭及《爾雅》同。《説文》云：『六鋝也。鋝，十一銖二十五分銖之十三也。』馬曰。」　謹照原文，「馬曰」改「馬同」。

十畫

鎒　《詩・周頌》：「痔乃錢鎛」〔四〕傳。　謹照原文，「痔」改「庤」。

鎿　《淮南子・本經訓》：「鐫岩鎿金玉。」註：「鐫刻金玉以爲飾也。」　謹按：「岩」字乃「山石」二字之譌，今照原文，改「鐫山石」，「飾」字改「器」字。

鎛　《詩・周頌》：「痔乃錢鎛。」〔五〕　謹照原文，「痔」乃「庤」。

鎮　《禮・禮運》「其餘無常貨」註。　謹照原書，「《禮運》」改「《禮器》」。

《周禮・天官・天府》：「國之玉鎮。」　謹照原文，「《天官》」改「《春官》」。

十一畫

鏐　《詩・小雅》：「鞸琫有珌。」〔六〕箋：「大夫璙琫而鏐珌。」　謹照原文，「鞸琫」改「鞞琫」。

鏗　《前漢・刑法志》：「但能紀其鏗鎗鼓舞。」　謹按：所引出《禮樂志》，不出《刑法志》。謹照原書，「《刑法志》」改「《禮樂志》」。

鏤　《左傳・哀元年》：「器不彫鏤。」　謹照原文，「彫鏤」改「彤鏤」。

十二畫

鐃　《周禮・地官・封人》：「以金鐃止鼓。」　謹照原文，「《封人》」改「《鼓人》」。

鐊　《急就篇》：「鞇靯韉鞍鑣鐊。」　謹照原文，「鞇」字下增「鞦」字。

十三畫

鐲 《周禮·地官·封人》：「以金鐲節鼓。」謹照原文，「《封人》」改「《鼓人》」。

鐸 《周禮·地官·封人》：「以金鐸通鼓。」謹照原文，「《封人》」改「《鼓人》」。

《左傳·宣十六年》：「晉士會帥師滅赤甲狄氏及留吁、鐸辰。」謹照原文，「赤甲狄氏」改「赤狄甲氏」。

鐺 《史記·司馬相如傳》：「鏗鎗鐺鼟。」註：「鐺鼟，鼓音。」謹照原文，兩「鼟」字竝改「鼞」。

十四畫

鑊 師古註：「鼎大而無足曰鑊，以鬻人也。」謹按：《漢書》註作「鬻」，同煮。鬻音育，義別。今據原文，「鬻」改「鬻」。

鑑

《君奭》：「人無于水監，當于民監。」　謹照原書，「《君奭》」改「《酒誥》」。

十六畫

鑢

《吳越春秋》：「見爾鑢蒸而不炊。」　謹照原文，「爾鑢」改「兩鑢」。

鑪

《左傳・定四年》：「鑪金初官於子期氏。」　謹照原文，「初官」改「初宦」。

十九畫

鑷

《集韻》《韻會》：「盧戈切，㚋音贏。」　謹按：「贏」音「盈」，與「盧戈切」不同音。惟「贏」字正音係「盧戈切」，謹據改爲「㚋音贏」。

長部

長

杜甫詩：「風雲長爲護儲胥。」　謹按：《籌筆驛詩》爲李商隱作，「杜甫」改「李商隱」。

《周禮・大冢宰》：「乃施則于都鄙而建其長。」　謹照原書，「《大冢宰》」改「《大宰》」。

五畫

镻

《爾雅・釋魚》「镻蠻」　謹照原文，「镻蠻」改「镻蚩」。

門部

門

《周禮・大司樂》：「舞雲門、大卷、大咸、大磬、大夏、大濩、大武。」　謹照原文，「大磬」改「大磬」。

三畫

閉 《禮・月令》：「修鍵閉。」註：「鍵，牡。閉，牝也。」疏：「鍵是門扇後樹兩目，穿上端爲孔。」 謹照原文，「兩目」改「兩木」。

四畫

開 《集韻》：「輕煙切，音牽。山名，在雍州。通作汧。」 謹照原文，「汧」改「汧」。

閒 《書・立政》：「相我愛民，和我庶獄庶慎，時則勿有閒之。」 謹照原文，「愛民」改「受民」。

《淮南子・淑真訓》註：「閒，遠也。」 謹照原書，「《淑真訓》」改「《俶真訓》」。

《左傳・定四年》：「閒甚王室。」 謹照原文，「閒甚」改「甚閒」。

五畫

閾

《詩・衛風》：「視爾不臧，我思不閾。」〔七〕　謹照原書，「《衛風》」改「《鄘風》」。

《閔二年》：「孤突曰：『命以時卒，閾其事也。』」　謹照原文，「孤突」改「狐突」。

六畫

閣

《爾雅》：「大者謂之棋，長者謂之閣。」〔八〕　謹按原文，「謂之棋」改「謂之栱」。

《史記・天官書》：「營室曰閣道。」註：「《樂汁圖》云：『閣道，北斗之輔。』」　謹按：《天官書》：「六星絶漢抵營室，曰閣道。」非營室即閣道也。今照原文，改：「六星絶漢抵營室，曰閣道。註：閣道，北斗之輔。」省「樂汁圖云」四字。

司馬相如《上林賦》：「離宮別館，彌由誇谷。高廊四注，重坐曲閣。」　謹照原文，「彌由」改「彌山」。

閤

《前漢・文翁傳》：「教令出入閨閤。」　謹按原文，「使傳教令」爲句，今於「教令」上增「使傳」二字。

閥

又,《説文》通用「伐」。《左傳・成十六年》:「郤至驟稱其伐閥。」註:「所踐歷也。」

謹照原文,省「閥」字,並照原註,改:「杜預註:『伐,功也。』」

七畫

閭

又,旗名。《詩・衛風》:「孑孑干旟。」〔九〕疏:「閭旐。」　謹按:《詩疏》云:「鄉旗,州旟,黨旟,族旐,閭旐,比旌,謂鄉用旗,州黨用旟,族閭用旐,比用旌。」非以閭旐爲旗名也,今省去此段,於上文「古之良劍也」下增「註:《新序》曰:『辟閭、巨闕,天下之良劍也。』」

閱

《説文》:「具疏於門中。」　謹照原文,「疏」改「數」。

《荀子・修身篇》:「銀價不爲折閱不市。」　謹照原文,「銀價」改「良賈」。

《詩・衛風》:「我躬不閱。」〔一〇〕　謹照原書,「《衛風》」改「《邶風》」。

八畫

閹

《爾雅·釋天》：「太歲在戊曰閹茂。」 謹照原文，「在戊」改「在戌」。

九畫

闊

《詩·衛風》：「死生契闊。」〔一一〕 謹照原書，「《衛風》」改「《邶風》」。

《詩·衛風》：「于嗟闊兮。」〔一二〕 謹照原書，「《衛風》」改「《邶風》」。

闌

杜甫詩：「厨人夜語闌。」〔一三〕 謹照原詩，改「厨人語夜闌」。

十畫

闔

《周禮·夏官·圉師》：「茨牆則剪闔。」 謹按：「剪」字下从「羽」，今改「翦」。

闕

《左傳·成十三年》：「又欲闕剪我公室。」 謹按：「剪」字下从「羽」，今改「翦」。

《正韻》：「闕翟后服刻繪爲衣，不畫也。」 謹照原文，「刻繪」改「刻繒」。

《管子・山權數篇》：「北郭有拙闕而得龜者。」謹照原文，「拙闕」改「掘闕」。

十一畫

闗　《周禮・春官・巾車》：「及墓，嘑啟闗東車。」謹照原文，「東車」改「陳車」。

十三畫

闂　《爾雅・釋宮》：「兩階閒謂之闂。」註：「人君南鄉當階門也。」謹照原文，「階門」改「階間」。

《〈字典·戌集·中〉考證》目録

《字典·戌集·中》考證

阜部

四畫

阸

《定四年》：「還塞大隧、直轅、冥阸。」註：「二者，漢東之隘道。」　謹照原文，「二者」改「三者」。

阪

《書·立政》：「夷微、盧烝、三亳、阪尹。」　謹照原文，「三毫」改「三亳」。

阬

《類篇》：「㱿阬，剛卵也。」　謹照原文，「剛卯」改「剛卵」。

五畫

附

《前漢・劉向傳》：「臣幸托肺附。」 謹照原文，「幸托」改「幸託」。

六畫

陋

張衡《東京賦》：「規遵王度，動中得趨。於是觀禮，禮舉義具。」 謹照原文，「義具」改「儀具」。

八畫

陰

《戰國策》：「齊秦之處陰合。」 謹照原文，「之處」改「之交」。

《詩・秦風》：「陰靷鋈續。」〔一四〕傳：「陰，揜軌也。」 謹照原文，「軌」改「軓」。

《逸周書》：「墠上張赤奕陰羽。」 謹照原文，「赤奕」改「赤帟」。

陶

《左傳・定二年》：「殷氏七族。」 謹照原文，「《二年》」改「《四年》」，「殷氏」改「殷民」。

《荀子·不苟篇》：「陶誕突盜。」註：「陶當爲檮杌之檮，頑嚚之貌。」謹按：此出《荀子·榮辱篇》，非《不苟篇》，今照原書，「《不苟篇》」改「《榮辱篇》」。註「頑嚚之貌」，照原文，改「頑嚚之貌」。

九畫

陼 《爾雅·釋邱》：「如渚者陼邱。」謹照原文，「如渚」改「如陼」。

隅 《詩·邶風》：「俟我乎城隅。」〔一五〕謹照原文，「乎」改「於」。

隆 《戰國策》：「雖隆薛之誠到於天。」謹照原文，「誠」改「城」。《荀子·臣道篇》：「君者，國之隆也。」謹照原書，「《臣道篇》」改「《致士篇》」。

隊 《左傳·文十五年》：「楚子乘驛，會師於臨品，分爲二隊。」謹照原文，「《十五年》」改「《十六年》」，「乘驛」改「乘馹」。

十一畫

鴟

司馬相如《子虛賦》：「阜陵別鴟。」　謹照原文，「《子虛賦》」改「《上林賦》」。

《上林賦》：「谽呀豁閜，阜陵別鴟。」　謹照原文，「豁閜」改「豁閉」。

十三畫

隧

班固《幽通賦》：「養峻谷曰勿隧。」　謹照原文，「養」改「眷」。

十四畫

隱

《後漢·安帝紀》：「隱視幽心，勿取浮華。」　謹照原文，「隱視」改「隱親」，「幽心」改「悉心」。

《定二年》：「君以弄馬之故隱君身。」　謹照原文，「《二年》」改「《三年》」。

《襄二十三年》：「隃隱而待之。」　謹照原文，「隃隱」改「踰隱」。

《爾雅·釋草》：「蒡，隱葸。」註：「似蘇有毛，江東呼爲隱葸。」　謹照原文，兩「葸」字幷改「荵」。

十五畫

隳

老子《道德經》："或强或嬴。" 謹照原文，"嬴"改"羸"。

十六畫

隴

《荀子·議兵篇》註："隴種，遺失貌，如隴之種物然。或曰即鍾也。" 謹照原文，"鍾也"改"龍鍾"。

隹部

三畫

雀

揚雄《校獵賦》："玄鸞孔雀。" 謹照原文，"《校獵賦》"改"《羽獵賦》"。

四畫

集

《左傳・昭二十三年》：「險其走集。」註：「集謂邊境之壘辟也。」 謹按：註中「集」上脱「走」字，下多「謂」字，今照原文，改：「走集境之壘辟也。」

雇

《説文》：「春雇，頒盾。」 謹照原文，「頒盾」改「鳻盾」。

五畫

雉

《説文》：「東方曰鶅。」 謹照原文，「曰鶅」改「曰鶅」。

《前漢・高后紀》註：「荀悦曰：『諱雉之字，野雞。』」 謹照原文，「野鷄」上增「曰」字。

雋

《説文》：「長沙有雋縣。」 謹照原文，改：「長沙有下雋縣。」

九畫

雖

註：「《小雅·棠棣》曰：『每有良朋。』」 謹照原文，「《小雅·棠棣》曰」改「『詩』曰」。《吴語》：「吾雖之不能，去之不忍。」 謹按：原文作「須」不作「雖」，謹節去「《吴語》」以下十一字，而於上文《少儀》疏「雖假令也」下，照原文增「當此時，假令請退則可也」二句。

又獸名。于逖《聞奇録》[一六]：「傅宏業宰天台縣，有人獵得一獸，形如豕，仰鼻，長尾有岐，謂之怪。宏業識之，曰：『其名雖，非怪也，雨則縣於樹，以尾塞其鼻。』驗之果然。」註：「雖，以醉反。」 謹按：「仰鼻長尾」乃《爾雅》所謂「蜼」，非「雖」也。《聞奇録》誤刻爲「雖」，不可從，今省此段，謹改爲：「又與唯通。《禮記·表記》：『唯天子受命於天。』註：『唯當爲雖。』又《荀子·性惡篇》：『今以仁義法正爲固，無可知可能之理耶？然則唯禹不知仁義法正，不能仁義法正也。』楊倞註：『唯讀爲雖。』」

十畫

雞

《爾雅·釋畜》：「雞大者，蜀；蜀子，雒；未成雞，健。」 謹照原文，「健」改「僆」。

《前漢·地理志》：「欝林郡雍雞縣。」　謹照原文，「欝」改「鬱」。

十一畫

離　《曲禮》：「離坐離立。」註：「離，兩也，兩相麗謂之立。」　謹按：註無此文。今據陳氏《集説》引方氏註，改「兩相麗謂之離」。

揚雄《校獵賦》：「淋離廓落。」　謹照《文選》，「《校獵賦》」，改「《羽獵賦》」。

司馬相如《上林賦》：「前長離而後矞皇。」　謹照《漢書》，「《上林賦》」改「《大人賦》」。

難　《左傳·文元年》：「難也收子。」釋文：「乃旦反，一音如字。」　謹照原文，「乃旦反」改「乃多反」。

雨部

雨　《説文》：「水从雲下也。一象天，門象雲水霝其閒也。」　謹照原文，「門」改「冂」。

四畫

雺

《釋名》：「凋氣著草木，遇寒凍，色白曰雺。」　謹照原文，「凋氣」改「潤氣」。

五畫

雷

又姓。《前漢・淮南衡山王傳》：「郎中雷被。」　謹按：《漢書・淮南、衡山、濟北王傳》合爲一卷，此引係《淮南王傳》中語，應省「衡山」字，改：「又姓也。《前漢・淮南王安傳》。」

雹

《埤雅》：「雹形，今似半珠。」　謹照原文，「今似」改「似今」。

七畫

霄

《爾雅・釋天》：「雨霓爲霄。」　謹照原文，「爲霄」下增「雪」字。

十二畫

霰　《詩·小雅》：「如彼雨雪，先集維霰。」〔一七〕箋：「將大雨雪，始必微温，雪自上下，遇温氣而搏，謂之霰。」　謹照原文，「緼氣」改「温氣」。

霜　《集韻》：「色壯切，音孀。霜，殺物也。」　今照原文，改「實霜，殺物」。《字彙補》：「同霜。」　謹按：「同霜」，應作「同霜」，謂「霜」字與「霜」同也。《集韻》亦云：「霜或作霜。」今照改「同霜」。

青部

青　《荀子·勸學篇》：「青出於藍而勝於藍。」　謹照原文，改「青出之藍而青於藍」。

非部

十一畫

靡

《前漢·景十三王傳》：「日夜靡蓋。」　謹照原文，「靡蓋」改「靡盡」。

面部

面

《說文》本作「靣」，「顏前也。从自。」　謹照原文，「自」改「百」。

七畫

䩉

《集韻》：「本作輔，或作䩉、䡂。」　謹照原文，「䩉」改爲「䩉」。

革部

革 《説文》：「獸皮治去其毛，革更之象。」 謹照原文，省「象」字。

七畫

鞔 《呂氏春秋》：「南家工人也，爲鞔百也。」 謹照原文，「鞔百也」改「鞔者也」。

鞙 音泫。《説文》：「大車縛軛靼也。」 謹照原文，「軛靼」改「軶靼」。《集韻》：「音蜎，大車縛軛靼。」 謹照原文，「軛靼」改「軶靼」。

八畫

鞛 《左傳·桓二年》：「藻率鞞鞛。」註：「鞞，佩削上飾。鞛，下飾。」 謹照原文，「鞞」「鞞」二字始改「鞞」。

鞠

《左傳·宣十二年》：「有山鞠窮乎。」註：「山鞠窮，所以禦濕。」　謹照原文，兩「窮」字𠀤改「窮」。

九畫

鞭

《周禮·地官·司市》：「凡市，入則胥吏執鞭度守門。」　謹照原文，省「吏」字。

十一畫

鞹

《詩·齊風》：「載驅薄薄，簟笰朱鞹。」〔一八〕　謹照原文，「笰」改「茀」。

十二畫

鞿

屈原《離騷》：「余雖好修姱以鞿羈兮，謇朝誶而夕譖。」　謹照原文，「夕譖」改「夕替」。

十四畫

韄

《莊子·庚桑楚》：「天外韄者不可繁而捉，將内揵。」 謹照原文，「天」字改「夫」字。

韋部

五畫

⿰韋必

《詩·秦風》「竹閉緄籐」〔一九〕疏。 謹照原文，「籐」改「縢」。

引《詩》云：「竹閉緄籐。」 謹照原文，「籐」改「縢」。

韎

《儀禮·士冠禮》：「緇帶韎韔。」 謹照原文，「韎韔」改「韎韐」。

八畫

韓

又三韓，國名，辰韓、示韓、馬韓也。見《後漢·光武紀》。 謹按：「示韓」當作「弁韓」，見《後漢書·東夷傳》，《光武紀》本文無之。謹將「示」改爲「弁」，「《光武紀》」改「《東夷傳》」。

十畫

韝

《滑稽傳》：「帣韝鞠䐹。」 謹按：「䐹」字右旁从丞从巳。䐹，今改「䐹」。

十二畫

韡

《詩·小雅》：「棠棣之華，鄂不韡韡。」〔二〇〕 謹照原文，「《棠棣》」改「《常棣》」。

音部

音

《詩·序》：「聲成文謂之音。」疏：「季扎見歌《秦》，曰：『此之謂夏聲。』」 謹照原文，「季扎」改「季札」。

《〈字典・戌集・下〉考證》目録

《字典·戌集·下》考證

頁部

二畫

頃

《左傳·哀十二年》：「宋鄭之閒有隙地曰頃邱。」註：「苦頴反。」　謹按：此音義，非註也，「註」字改爲「音〔義〕」字。

《詩·周南》：「采采卷耳，不盈頃筐。」〔二〕箋：「頃筐，攲筐也。」　謹按：箋無此語，今據釋文所引《韓詩》，改「《韓詩》云：攲筐也。」

《前漢·地理志》：「隴西郡臨洮。《禹貢》西頃山，在縣西南。」　謹按：原文「在縣西」一句，「南郡都尉治」一句，「南」字連下句，不連上句，今省去。

《禮·祭儀》：「君子頃步而弗敢忘孝也。」　謹照原書，「《祭儀》」改「《祭義》」。

三畫

項

《儀禮・士冠禮》：「緇布冠缺項。」註：「缺讀如『有頍者弁』之『頍』。緇布冠無笄者，著圍髮際，結項中隅，爲四綴以固冠也。」　謹按：「著」字下脱「頍」字，今照原文增入。

《廣韻》：「古音胡孔切。」　謹按：「胡孔切」語見《唐韻正》，非《廣韻》也。今將「廣韻古音胡孔切」改爲：「《唐韻正》：古胡孔切。」

頊

頊顱爲之髑髏。　謹照原文，「爲之」改「謂之」。

順

《逸雅》：「順，循也。」〔一二〕　謹按：語出《釋名》，今將「《逸雅》」改爲「《釋名》」。

《爾雅・釋詁》：「舒、業、順，敍也。」疏：「順本不逆，有敍也。」　謹照原文，「順本」改「順者」。

須

《逸雅》：「頤下曰須。」　謹按：語見《釋名》。今將「《逸雅》」改爲「《釋名》」。

《左傳・成十二年》：「日云暮矣，寡君須矣。」　謹按：原文本作「須」，其義則爲

「頭」，石經及各本皆同，今仍改「須」。

《爾雅・釋獸》：「須屬，魚曰須，鳥曰臭。」　謹照原文，「曰臭」改「曰狊」。

《前漢・清河孝王傳》：「且復須留。」　謹照原書，「《前漢》」改「《後漢》」。

《詩・邶風》：「思須與漕。」[二三]註：「須、漕，衛邑。」　謹照原文，「註」改「傳」。

《逸雅》：「須盾本出於蜀，須所持也。」　謹按：所引出《釋名》，今將「《逸雅》」改爲「《釋名》」。

《玉藻》：「大夫以魚須文竹。」註：「崔云：用文竹及魚班也。」　謹照原書，「註」改爲「釋文」。

四畫

頌

《前漢・儒林傳》：「魯儒生善爲頌。」　謹照原文，「魯儒生」改「魯徐生」。

《前漢・吳王濞傳》：「它郡國吏欲采捕亡人，頌共禁不與。」註：「頌猶公也。」　謹照原文，「采捕」改「來捕」。

頏

又蘖皆切，音排。[二四]　謹照《集韻》原文，「蘖」改「蘗」。

頎

揚雄《長楊賦》：「魚吉而鳥眄。」謹按：句出《甘泉賦》，今將「《長楊賦》」改爲「《甘泉賦》」，「魚吉」照原文改爲「魚頡」。

頓

《釋名》：「頓，僵也。」謹按：語出《博雅》，今將「《釋名》」改爲「《博雅》」。

曹植《七啟》：「頓綱縱綱。」謹照原文，「頓綱」改「頓網」。

《春秋・僖二十五年》：「楚子圍陳，納頓子于頓。」謹據經文，「楚子」改「楚人」。

五畫

頗

《韻補》：「唐明皇以義字今音爲叉。」謹按文義，「叉」改「乂」。《釋名》：「少也。」謹按：語出《博雅》，今將「《釋名》」改爲「《博雅》」。

領

《禮・祭儀》：「先王之教，因而勿改，所以領天下國家也。」謹照原文，「《祭儀》」改「《祭義》」，「勿改」改「弗改」。

六畫

頞

《釋名》：「頞也。」謹按：語出《博雅》，今將「《釋名》」改爲「《博雅》」。

《逸雅》：「頞，鞍也，偃折加鞍也。」謹按：語出《釋名》，今將「《逸雅》」改爲「《釋名》」，並照原文，「加鞍」改爲「如鞍」。

七畫

頩

《説文》本作「俅」。《詩·周頌》：「戴弁俅俅。」〔二五〕箋：「俅俅，恭順貌。」謹照原文，「戴弁」改「載弁」，「箋」改「傳」。

頭

《廣韻》《正韻》：「古音徒。」謹按：《廣韻》《正韻》無此音，查係《唐韻正》文，今改「《廣韻》《正韻》」爲「《唐韻正》」云」。

頮

《書·顧命》：「王乃洮頮水。」釋文：「頮音悔。」註：「頮，頮面也。」謹按：「頮面也」乃釋文引馬氏語。「註頮」二字，今照原文改爲「馬云」。

頰

《釋名》：「輔國之頰。」　謹按：「國」應作「謂」。考此語，出《博雅》，今據原文，改：「《博雅》『輔謂之頰』。」

《逸雅》：「頰，夾也。」　謹按：語出《釋名》，今將「《逸雅》」改爲「《釋名》」。

頷

《逸雅》：「頷，含也。」　謹按：語出《釋名》，今將「《逸雅》」改爲「《釋名》」。

頸

《史記・天官書》：「七星，頸，爲負官，主急事。」　謹照原文，「負官」改「員官」。

頹

《詩・周南》：「我馬虺隤。」〔二六〕註：「馬退不能升之病也。」　謹照原書，「註」字改爲「釋文」。

《廣雅》：「懷也。」司馬相如《長門賦》：「無面目之可顯兮，遂頹思而就牀。」註：「言懷其思慮而就牀也。」　謹照原文，兩「懷」字㚘改爲「壞」字。

頻

《詩・大雅》：「地之竭矣，不云自頻。」〔二七〕　謹照原文，「地」改「池」。

八畫

頙

《詩·周南》：「麟之定。」〔二八〕註：「頟也。」　謹照原文，「註：頟也」改「傳：定，題也。」

又入聲。《爾雅·釋言》：「頙，題也。」疏：「皆謂頟也。」釋文：「頙，了淩切。」　謹按：《玉篇》《廣韻》《集韻》《類篇》「頙」字皆無入聲。《爾雅》釋文「了淩切」，乃「丁佞反」之誤，今省去。「又入聲」三字，改爲：「《爾雅·釋言》：『頙，題也。』註：『題，頟也。』引《詩》『麟之定』，釋文：『頙，丁佞反。』」

顚

《五音集韻》：「户弔切，皛上聲。」　謹照原文，「上聲」改「去聲」。

頷

《左傳·襄十二年》：「衛侯入迎於門者，頷之而已。」註：「頷，搖其頭也。」亦作「頜」。　謹按：事在《襄公二十六年》，今照《説文》原文，改爲引：「《左傳·襄二十六年》：『迎於門頷之而已。』今本作『頜』。杜註：『頜，搖其頭也。』」

九畫

題

《史記・越世家》「雕題」註：「謂刻其頞，湼以丹青也。」 謹照原文，「湼」改「涅」。

《釋名》：「平題，鏑也。」 謹按：語出《博雅》，今將「《釋名》」改爲「《博雅》」。

顓

又與「團」通。 謹按：《玉篇》《廣韻》《韻會》「顓」字均無「團」音，亦不言「與團通」。今據下所引《漢書》註，改「又圜貌也」。

十畫

願

《禮・祭儀》：「國人稱願肰曰。」 謹照原書，「《祭儀》」改「《祭義》」。

顙

揚子《方言》：「瀕、頜、顩，顙也。」 謹照原文，「顩」改「顏」。

顛

《左傳・僖二年》：「冀爲不道，入自顛軨。」註：「虞地。」《後漢・郡國志》：「河東郡大陽有顛軨阪。」 謹按：杜註無「虞地」二字，今據《左傳》原文，於「入自顛軨」下，增「伐鄍三門」，句下照杜註原文，改「杜註：河東大陽縣東北有顛軨阪。」

又縣名，與「滇」同。司馬相如《子虛賦》：「文成顛歌。」註：「女潁曰文成，遼西縣名。」　謹照原文，《子虛賦》改《上林賦》，「女潁」改「文穎」。

《莊子》：「其字顛顛。」〔二九〕　謹照原文，「其字」改「其視」。

《上林賦》：「夭嬌枝格，偃蹇杪顛。」　謹照原文，「夭嬌」改「夭蟜」。

類

《周禮・春官・肆師》：「類造上帝。」註：「類，其禮依郊祀而爲之者。」　謹照原文，「註」字上增「鄭」字，「類」字下省「其」字。

《爾雅》：「龜左倪不類。」疏：「謂行時頭左也庳下者名類。」　謹照原文，「左也」改「左邊」。

十一畫

顡

《玉篇》：「痴顡，不聰明也。」　謹照原文，「痴顡」改「癡顡」。

十二畫

⿰萠頁 人名，漢有北平康侯蒯。 謹照《集韻》原文，「蒯」改「⿰萠頁」。

顧 《禮・祭統》：「顧上先下後耳。」疏：「但尊上者則先，卑下者處後耳。」 謹照原文，「則先」改「在先」。

《史記・刺客傳》：「顧不易耶。」註：「反顧也。」 謹照索隱原文，「反顧也」改「顧反也」。

十三畫

顡 《廣雅》：「頣顡，懦劣。」 謹按：語出《集韻》，不出《廣雅》，今將「《廣雅》」改爲「《集韻》」。

十四畫

顪 《集韻》《博雅》：「健顪，孌也。」 謹照《博雅》原文，「健」改「健」。

十五畫

顯

《釋名》：「欲也。」 謹按：語出《博雅》，今將「《釋名》」改爲「《博雅》」。

顰

《玉篇》：「顰蹙，憂愁不樂之狀也。《易·復卦》作頻復。」註：「謂頻蹙之貌。」 謹按：此謂「顰」字《易》作「頻」，非謂「顰」字《易》作「復」也。今改「《易·復卦》作頻」，省下「復」字。

十六畫

顱

《博雅》曰：「頭顱謂之髑髏。」 謹照原文，「頭顱」改「頊顱」。

風部

風

《爾雅》：「西風謂之秦風。」 謹照原文，「秦風」改「泰風」。

《書·費誓》：「馬牛其風。」疏：「賈逵云：『風，放也，牝牡相誘謂之風。』然則牛馬放佚，因牝牡相逐，而遂至放佚遠去也。」　謹照原文，「馬牛放佚」改「馬牛風佚」。

陳第《毛詩古音考》：「風古與心、林、音、淫爲韻，孚金切。」《正韻·一東》收「風」，《二十侵》闕，蓋未詳「風」古有「分」音也。　謹照原文，「《二十侵》」改爲「《十二侵》」。

九畫

颺

《書·益稷》：「工以納言，時而颺之。」傳：「當正其義而揚道之。」　謹按：傳文「當」下有「是」字，「是」字解「時」字，不可省，今省「當」字改「是」字。

十八畫

飍

左思《吴都賦》：「儋耳黑齒之酋，金潾象郡之渠。驫駥飍矞，靸霅驚捷。」　謹照原文，「金潾」改「金鄰」。

飛部

飛

又借作「非」。《漢藁長蔡君頌》：「飛陶唐，其郭能若是？」　謹照原文，「其郭能」改「其孰能」。

食部

食

《易·需卦》：「君子以飲食晏樂。」　謹照原文，「晏」改「宴」。

《宋史·司馬光傳》：「世人取果餌，刻鏤之，朱緣之。」　謹照原文，「朱緣之」改「朱綠之」。

《爾雅·釋詁》：「食，僞也。」疏：「言而不行，如日之消盡，故通謂僞言爲食言。」　謹照原文，「如日」改「如食」。

《左傳・襄九年》：「古之火正，或食於心，或食於咮，以出納火。」　謹照原文，「出納」改「出内」。

《周禮・地官・廩人》：「廩人賙賜稍食。」　謹按：「廩人」二字不當重複，謹照原文，「廩人賙賜稍食」改「匪頒賙賜稍食」。

二畫

飢

《左傳・定二年》：「殷人七族有飢民。」　謹照原文，「《二年》」改「《四年》」，「殷人」改「殷民」。

飤

東方朔《七諫》：「子推自剖而飤君兮，德日忘而怨深。」　謹照原文，「自剖」改「自割」。

三畫

飥

《玉篇》：「餺飥，餠屬。」　謹照原文，「餺飥」改「餺飥」。

四畫

飫

《周語》：「王公立飫，則有房丞。」　謹照原文，「房丞」改「房烝」。

飭

《周禮・天官・大宰》：「百工飭化八材。」註：「飭，勤也。」　謹照原文，「註」改「疏」。

《詩・小雅》：「我車既飭。」〔三〇〕註：「飭，正也。」　謹照原文，「我車」改「戎車」，「註」改「傳」。

飲

《周禮・酒正》：「辨四飲之物，一曰清。」註：「清謂酒之涑者。」　謹照原註，「酒」改「醴」，「涑」改「泲」。

飯

《儀禮》註：「食大名，小數曰飯。」疏：「據少數而言，故云小數飯也。」　謹照原文，「少數」改「小數」，「飯也」改「曰飯」。

《曲禮》：「毋摶飯。」註：「取飯作摶，則易得多。」　謹照原文，「註」改「疏」。

《儀禮・公食大夫禮》：「賓升，公揖退於箱。賓卒食會飯，三飯。」　謹照原文，「三飯」改「三飲」。

五畫

飽

《禮・文王世子》：「嘗饌善，則世子亦能食。嘗饌寡，則世子亦不能飽。」謹照原文，「嘗饌寡」下省「則」字。

飾

《周禮・地官・封人》：「飾其牛牲。」註：「刷治潔清之也。」謹照原文，「剶治」改「刷治」。

《曲禮》：「飾羔鴈者以繢。」註：「飾，復也。」謹照原文，「以績」改「以繢」，「註」改「疏」。

《史記・公孫宏傳》：「凡吏事，緣飾以儒術。」謹照原文，「凡吏事」改「習吏事」。

《前漢・章帝紀・詔》曰：「俗吏矯飾外貌，似是而非。」謹按：《章帝紀》係《後漢書》，「《前漢》」改「《後漢》」。

六畫

養 《詩·周頌》：「於爍王師，遵養時晦。」〔三一〕 謹照原文，「於爍」改「於鑠」。

餌 《禮·内則》：「捶反側之，去其餌，就出之。」 謹照原文，「就出」改「孰出」。

七畫

餶 《玉篇》：「厭也。」《説文》：「饜，飫。」 謹按：《説文》無「饜飫」之語，改爲「《廣韻》饜，飽」。

餐 《韓信傳》：「令其裨將傳餐。」註：「服虔曰：立駐傳餐食也。」 謹照原文，「立駐」改「立騎」。

《爾雅·釋言》：「粲，餐也。」釋文：「餐音飧。」 謹照原文，「音飧」改「音飡」。

餒 又同「餧」。《楚語》：「羸餧日日已甚。」 謹照原文，「羸餧」上增「民之」二字。

⿰食免　《博雅》：「貪食也。」謹照原文，「貪食也」改「⿰食免貪也」。

餔　《爾雅·釋鳥》：「鴩，餔敊。」謹照原文，「鴩」改「鳺」。

《史記·高祖紀》：「老父請歠，因餔之。」師古曰：「以食食之，謂之餔。」謹按：下引「師古曰」，乃《漢書》註也。謹將「《史記·高祖紀》」改爲「《前漢·高帝紀》」。

餘　《周禮·天官·冢宰》：「九賦斂財賄，九曰幣餘之賦。」註：「幣餘，百工之餘。」謹照原文，「九賦」上增「以」字，「註」上增「鄭」字，「註」下省「幣餘」二字。

《莊子·讓王篇》：「緒餘以治天下國家。」徐邈註：「緒餘，殘也。」謹照原文，改「其緒餘以爲國家」，「徐邈註」改「司馬彪註」。

古詩：「新人工織縑，舊人工織素。織縑日一疋，織素五丈餘。」〔三二〕謹照原詩，「舊人」改「故人」。

八畫

餉

《前漢·章帝紀》：「賜給公田，爲雇耕傭，賃種餉。」　謹按：《章帝紀》係《後漢書》，「《前漢》」改「《後漢》」。

餣

《博雅》：「餄、餣，飼也。」　謹照原文，「飼也」改「餌也」。

餈

揚子《方言》：「陳楚之閒，相謁食麥飯曰餈。」〔三三〕　謹照原文，「之閒」改「之内」，「麥飯」改「麥饘」。

館

《周禮·春官·司巫》：「祭祀則供匰主，及道布，葙館。」註：「葙之言藉也。祭祀有當藉者，館所以承葙，謂若今筐也。」　謹照原文，「葙館」上增「及」字，「祭祀」改「祭食」。

九畫

餰

《禮·内則》：「稻米爲酏。」註：「酏讀爲餰。」　謹按：此係釋文語，今將「註」字改爲「釋文」。

餳《急就章》：「棃柹柤桃待露霜，棗杏瓜棣饊飴餳。」謹照原文，「柤桃」改「柰桃」。

餈〔三四〕《禮·内則》：「以與稻米爲酏。」註：「酏讀爲餈。」謹照原文，「稻米」改「稻米」，「註」改「釋文」。

十畫

餻《博雅》：「饔、餻，餌也。」謹按原文，「孰食謂之饔」爲句，「餻饝餄餣餢餌也」爲句，「饔」字不屬下讀，今省去「饔」字。

餶《博雅》：「餶、餣，搏也。」謹照原文，「搏」改「摶」。

餼又《地官·司徒》「稾人獻餼」註：「禾米也。」謹按：此出《國語》之《周語》篇，不出《周禮·地官·司徒》。今將「《地官·司徒》」字改爲「《周語》」。

《儀禮》疏引《春秋傳》：「𩞄藏石牛。」 謹照原文，「藏」改「臧」。

餻 《史記·霍光傳》註：「菜食無肉曰素。」 謹照《史記》無《霍光傳》，今將「《史記》」改爲「《漢書》」。

餾 《爾雅·釋言》：「饙、餾，稔也。」疏：「孫炎曰：『蒸之曰饙，均之曰餾。』郭云：『今呼貸飯爲饙，饙熟爲餾。』」 謹照原文，「曰饙」改「曰饙」，「貸飯」改「餈飯」。

饁 《周禮·春官·小宗伯》：「致禽饁獸於郊。」 謹照原文，「《春官·小宗伯》」改「《夏官·大司馬》」。

十一畫

饎 又「七紺切」，音「謲」，鼓曲也。與「參」同。《魏志》：「禰衡爲漁陽參撾。」 謹按：所引見《後漢書·禰衡傳》。 謹照將「《魏志》」改爲「《後漢》」。

十二畫

饋

《周禮・天官・膳夫》：「掌王之饋。」註：「進食於尊曰饋。」　謹照原文，「掌王之饋」改「凡王之饋」，「尊」下增「者」字。

十三畫

饕

《左傳・文十八年》：「天下之民一比三凶，謂之饕餮。」　謹照原文，「一比」改「以比」。

饗

《禮・郊特牲》：「大饗尚腶修而已矣。」註：「此大饗之諸侯也。」　謹照原文，「修」改「脩」，「之諸侯」改「饗諸侯」。

《儀禮・士昏禮》：「舅始共饗婦以一獻之禮。」　謹照原文，「舅始」改「舅姑」。

《前漢・禮樂志》：「五音六律依饗。」　謹按：《郊祀歌》本作「五音六律，依韋饗昭」。今照原文，「依」下增「韋」字，「饗」下增「昭」字。

饙

《爾雅》註：「今呼貸飯爲饙，饙熟爲餾。」疏：「郭云：『今呼貸飯爲饙，饙熟爲餾。』」謹照原文，兩「貸」字𠀤改「餈」。

十四畫

饛

《玉篇》：「蒲突切，音勃，饛餢。」謹照原文，「饛餢」改「饛餢」。

首部

首

《周禮·春官·大祝》：「三曰空首。」註：「空手拜，頭至手，所謂拜首也。」謹照原文，「拜首」改「拜手」。

《春秋·僖五年》：「諸侯盟于首止。」註：「衛地，在陳留，襄邑縣東南有首鄉。」謹照《五年》經文，改爲「會王世子於首止」，並照原註，「陳留」上省「在」字。

𦣻《說文》：「古文百也。巛象髮，謂之鬊，鬊即巛也。」按：鬊音舜。謹照原文，三「鬊」字竝改作「鬊」。

八畫

馘《說文》：「軍戰斷首也。」謹照原文，「斷首」改爲「斷耳」。

香部

八畫

馡《韻會》通作「菲」。《楚辭·九歌》：「芳菲兮滿堂。」謹照原文，增改爲「芳菲菲兮滿堂」。

【校注】

〔一〕見《周頌·臣工》。

〔二〕〔四〕〔五〕同〔一〕。

〔三〕「令」當作「令」。王氏失校。

〔六〕見《小雅・瞻彼洛矣》。

〔七〕見《鄘風・載馳》。

〔八〕見《釋宫》。

〔九〕見《鄘風・干旄》。

〔一〇〕見《邶風・谷風》。

〔一一〕見《邶風・擊鼓》。

〔一二〕同〔一一〕。

〔一三〕見杜甫《山館》。

〔一四〕見《秦風・小戎》。

〔一五〕見《邶風・静女》。

〔一六〕《聞奇録》，唐代詩人于逖撰，志怪傳奇，見《唐人説薈》。

〔一七〕見《小雅・頍弁》。

〔一八〕見《齊風・載驅》。

〔一九〕見《秦風・小戎》。

〔二〇〕見《小雅・常棣》。

〔二一〕見《周南・卷耳》。

〔二二〕《逸雅》,《釋名》之別稱。《字典》引同一部書,不當異稱。《字典》中《廣雅》《博雅》並稱,王氏往往不改,失例。

〔二三〕見《邶風·泉水》。

〔二四〕「碩」當在五畫內。《字典》引《集韵》蘖皆切,音蹕。又薄皆切,音排。

〔二五〕見《周頌·絲衣》。

〔二六〕見《周南·卷耳》。

〔二七〕見《大雅·召旻》。

〔二八〕見《周南·麟之趾》。

〔二九〕見《莊子·馬蹄》。

〔三〇〕見《小雅·南有嘉魚之什·六月》。

〔三一〕見《周頌·酌》。

〔三二〕見《上山採蘼蕪》。

〔三三〕「餐」當作「飺」。

〔三四〕「飱」、「餰」不當分列字條。

亥集

《〈字典·亥集·上〉考證》目録

《字典·亥集·上》考證

馬部

馬

《周禮·夏官·校人》：「掌王馬，辨主馬之屬。又趣馬，掌贊正良馬。又巫馬，掌養疾馬而乘治之，相醫而藥攻馬疾。又馬質，掌質馬，馬量三物：一曰戎馬，二曰田馬，三曰駑馬，皆有物賈。又廋人，掌十二閑之政，教以阜馬。圉人掌芻牧以役圉師。凡大祭祀、朝覲會同，毛馬而頒之。凡軍事，物馬而頒之。」註：「毛馬，齊其色；物馬，齊其力。」謹照原文次序，改爲：「《周禮·夏官》：『馬質，掌質馬，馬量三物，一曰戎馬，二曰田馬，三曰駑馬，皆有物賈。』又『校人，掌王馬〔之政〕，辨六馬之屬。』『凡大祭祀、朝覲、會同，毛馬而頒之。』『凡軍事，物馬而頒之。』註：『毛馬，齊其色；物馬，齊其力。』又『趣馬，掌贊正良馬。』又『巫馬，掌養疾馬而乘治之，相醫而藥攻馬疾。』又『廋人掌十二閑之政，教以皁馬。圉人掌芻牧，以役圉師。』」

《姓苑》：「本伯益之後。超奢封馬服君，遂氏焉。」 謹照原文，「超奢」改「趙奢」。

二畫

馮

《爾雅·釋訓》：「馮河，徒涉也。」疏：「《小雅》：『不敢馮河。』毛傳云：『馮，陵也。』然則豈涉水陵波而渡，故訓馮爲陵也。」 謹照原文，「豈涉水」改「空涉水」。

張衡《西京賦》：「心猶馮而未慮。」 謹照原文，「未慮」改「未攄」。

又郡名。《前漢·地理志》：「左馮翊。」 謹照原文，「左馮翊」下增「註」字。

三畫

馰

《爾雅·釋獸》：「馰顙，白顚。」 謹照原書，「《釋獸》」改「《釋畜》」。

馵

《爾雅·釋獸》：「左白，馵。」 謹照原書，「《釋獸》」改「《釋畜》」。

四畫

馹

《爾雅·釋言》：「遽，傳也。」註：「皆傳車、馹馬之名。」　謹照原文，「馹遽傳也」，謂「馹」、「遽」皆訓爲「傳」，非訓「馹」爲「遽傳」也。謹照原書文義，改「遽」爲「馹」，并照原文，「馹馬」改「驛馬」。

五畫

駒

《周禮·夏官·技人》：「春祭馬祖，執駒。」　謹照原文，「《技人》」改「《校人》」。

《禮·月令》：「仲夏游牝別群，則繫騰駒。」　謹照原文，「繫」改「縶」。

釋文：「駒，下故反。」　謹按釋文，駒音拘，無「下故反」三字。惟《集傳》「後」字下叶「下故反」，乃「後」字叶音，非「駒」字叶音也。今照《集傳》原文，改爲「《集傳》：『駒，叶去聲。』」

駓

《爾雅·釋獸》：「黃白雜毛曰駓。」　謹照原書，「《釋獸》」改「《釋畜》」。

駔

左思《魏都賦》：「冀馬填廄而駔駭。」　謹照原文，「駔駭」改「駔駿」。

《爾雅・釋獸》：「奘，駔也。」註：「秦晉呼大爲駔，駔猶麤也。」　謹照原文，「《釋獸》」改「《釋言》」，「秦晉」改「江東」。

駘

《左傳・昭九年》：「駘芮岐畢。」　謹照原文，「駘」上增「魏」字。

《哀六年》：「遷儒子於駘。」　謹照原文，「儒子」改「孺子」。

駝

《前漢・西域傳》：「鄯善國多駐駝。」　謹照原文，「鄯善」改「鄯善」。

《莊子・德充符》：「衛有惡人哀駝他。」註：「他與駝同。」　謹照原文，「哀駝他」改「哀駘它」，「註」中「他」字竝改「它」。

駟

《小雅》：「載驂載駟。」註：「王肅云云。」　謹按：所引「王肅云云」見《鄘風・干旄》疏，非《小雅》註。今照原書，將「《小雅》『載驂載駟』註」七字，改爲「《鄘風》『良馬五之』疏」。

六畫

駭 陸機詩：「三后始基，世武不承。」〔一〕 謹照原文，「不承」改「丕承」。

駮 《詩・秦風》：「隰有六駮。」〔二〕傳：「駮駕。」 謹按：「駕」乃「如馬」二字之譌。謹照原文，「駮駕」改爲「駮如馬」。

七畫

駴 《周禮・夏官・大司馬》：「鼓皆駴，車徒皆㮚。」 謹照原文，「㮚」改「譟」。

駸 《左傳・哀二十六年》：「左師見夫人之步馬。」 謹照原文，「馬」下增「者」字。

騂 《禮・明堂位》：「夏后氏牲尚黑，殷尚牡。」 謹照原文，「尚牡」改「白牡」。

騃 張衡《西京賦》：「植物斯生，動物斯止，衆鳥翩翩。」 謹照原文，「翩翩」改「翩翻」。

八畫

騎

《逸雅》：「騎，支也。」　謹照原書，「《逸雅》」改「《釋名》」。

《禮・曲禮》：「前有車騎。」註：「古人不騎馬。」　謹照原書，「註」改「疏」。

十畫

騭

《爾雅・釋詁》：「騭，陞也。」註：「《方言》曰：『魯衛之間曰陟馬。』」　謹按：「陟馬」二字乃「騭」字之譌。謹照原文，「陟馬」二字改作「騭」字。

騰

使牡就牝，欲孳生蕃也。　謹照《月令》疏原文，「使牡就牝」改「使牝就牡」。

騲

《正字通》：「本作草。晉郭欽謂魏杜畿課民畜牸牛草馬。」　謹照原文，「牸牛」改「牸牛」。

騶

《禮・文王世子》註：「大夫勤于朝，卿士騶于邑。」　謹照原文，「卿士」改「州里」。

騶

《左傳·成十八年》：「程鄭爲乘馬御，六騶屬馬。」　謹照原文，「屬馬」改「屬焉」。

《前漢·鼂錯傳》：「材官騶發，騶矢道同的。」　謹照原文，省下「騶」字。

《荀子·正論篇》：「步中《武》、《象》，騶中《韶》、《濩》，以養耳。」　謹照原文，「以」字上增「所」字。

十二畫

驍

《禮·投壺》：「投壺妙者有連花驍，驍者矢躍出也。箭自壺躍出，復以手接之，屢投屢躍，不墜地曰驍。」《西京雜記》：「郭舍人能投壺，一箭七十餘驍。」　謹按：《投壺》「妙者」云云，《投壺篇》無此語。所引《西京雜記》，亦與原文不合。謹改爲「《西京雜記》：『古之投壺，取中而不求還。郭舍人則激矢令還，一矢百餘反，謂之爲驍。』又《顏氏家訓》：『汝南周瓚、會稽賀徽竝能一箭四十餘驍。』」

驕

《史記·司馬相如傳》：「夭蟜据以驕驁兮。」　謹照原文，「夭蟜」上增「低卬」二字，「据」改「據」。

⿰馬善《列子・殷湯篇》：「⿰馬善然而過，隨過隨合。」　謹照原書，改「《湯問篇》」。

十三畫

驘《前漢・霍去病傳》：「單于遂乘六驘，牡騎百，直潰漢圍。」　謹照原文，「牡騎」改「壯騎」。

十五畫

⿰馬廣《廣韻》：「決黄馬，旋毛在脊上。」　謹照原文，「決黄」改「決⿰馬廣」。

十八畫

驨《爾雅・釋獸》：「驨如馬，一角，似鹿；不角者騏。」　謹按：《爾雅》無「似鹿」二字。謹照原書，「似鹿不角者騏」改「郭註：角如鹿茸」。

十九畫

驪

《爾雅・釋畜》：「小領，盜驪。」註：「周穆王八駿，有盜驪。盜驪，䯄驪也。䯄，淺青色。驪，純黑色。」謹按：「周穆王云云」，與《爾雅》註不符。謹照原文，「註」字以下，改：「郭註：《穆天子傳》曰：『天子之駿，盜驪綠耳。』又曰：『右服盜驪。』」

骨部

三畫

骪

《枚乘傳》：「其文骪骳。」謹照原文，「枚乘」改「枚皋」。

六畫

骹

《周禮・冬官・考工記・弓人》註：「齊人名手足掔爲骹。」謹照原文，「掔」改「掔」。

髀

八畫

《禮三年問》：「帶下毋厭髀。」謹照原書，改「《禮記·深衣》」。

髟部

三畫

髢

《禮·曲禮》：「斂髮毋髢。」註：「無垂餘如髲也。」謹照原文，「無」改「毋」。

十畫

鬐

《儀禮·士虞禮》：「魚進鬐也。」謹照原文，「《士虞禮》」下增「記」字，省「也」字。

十五畫

鬣

《禮·明堂位》：「夏后氏駱馬黑鬣，周人黃馬繁鬣。」謹照原文，「繁鬣」改「蕃鬣」。

黑部

十畫

黳

《說文》：「黑黍也，一粰二米以釀也。」　謹照原文，「一粰」改「一稃」。

鬼部

三畫

鬽

《周禮・春官》：「以夏至日，致地示物鬽。」　謹照原文，「至日」改「日至」。

四畫

魃

《韓詩外傳》：「鄭交甫逢士女魃服。」　謹照原文，「士女」改「二女」。

魁

《史記・孟嘗君傳》：「始以薛公爲魁然也，今視之，乃眇小大夫耳。」 謹照原文，「大夫」改「丈夫」。

八畫

魏

《説文》本作「巍，高也。从嵬，委聲。」徐鉉曰：「今有省山以爲魏國之魏。」 謹照原文，「今有」改「今人」。

十二畫

魖

《前漢・揚雄〈長楊賦〉》：「梢夔魖而抶獝狂。」 謹照原文，「《長楊賦》」改「《甘泉賦》」，「梢」改「捎」。

《〈字典·亥集·中〉考證》目録

《字典·亥集·中》考證

魚部

魚 今以爲弓鞬步乂者也。 謹照陸璣疏，原文「步乂」改「步义」。

六畫

鮇 《爾雅·釋魚》註：「鮪，鱣屬也，大者名王鮪，小者名鮇。」 謹照原文，「鮇」下增「鮪」字。

八畫

鯛 《説文》：「骨專脃也。」 謹照原文，「專」改「耑」。

鯤

《列子·殷湯篇》：「有魚焉，其廣數千里，其長稱焉，其名爲鯤。」〔三〕　謹照原書，改「《湯問篇》」。

十畫

鰜

《六書故》：「今之鹹淡水中者，長不踰尺，摶身推首而肥，俗謂之鰜。」　謹照原文，「摶身推首」改「摶身椎首」。

鰩

《本草》：「文鰩出海南，大者長尺許，有翅，如尾齊。」　謹照原文，「如尾齊」改「與尾齊」。

十一畫

鱄

《儀禮》：「鱄鮒九腊。」　謹照原文，改「魚鱄鮒九」。

十三畫

鱷

《前漢·翟方進傳》：「取其鱷鯤。」 謹照原文，「鱷鯤」改「鱷鯢」。

鳥部

鳥

《正韻》：「尼了切，音梟。」 謹照原文，「音梟」改「音裊」。

二畫

鳧

揚子《方言》郭註：「江東有小鳧，其多無數，俗謂之冠鳧。」 謹照原文，「冠鳧」改「寇鳧」。

三畫

鳴　《禮・樂記》：「叩之以小則小鳴，叩之以大則大鳴。」　謹照原書，「《樂記》」改「《學記》」。

鳿　班固《西都賦》：「鶬鴰鳿鵁。」註：「似鷹而大，無趾。」　謹照原文，改：「李註：『鳿似鴈，無後趾。』」

鳶　《韓非子・右經》：「墨子爲木鳶，三年成飛。」　謹照原文，「右經」改「《外儲説》」，「三年成飛」改「三年而成」。

四畫

鳿　《玉篇》：「鸀鳿，鳥名。郭璞曰：　鳿似鴨而大。」　謹照原文，「郭璞曰」下增「鸀」字。

五畫

鴟

《書·呂刑》：「罔不寇賊鴟義。」註：「以鴟張跋扈爲義也。」 謹按：原文「以鴟義姦宄」連讀。 謹據改爲：「『鴟義姦宄。』註：『鴟義，以鴟張跋扈爲義也。』」

鴥

《廣雅》：「鷸，飛也。」 謹按：「鴥鷸」二字俱訓爲「飛」，不訓「鴥」爲「鷸飛」。今照原文，「鷸」改「鴥」。

六畫

鴻

摶身而鴻。 謹照《周禮》原文，「摶身」改「摶身」。

《廣韻》《韻會》：「胡孔切。」《集韻》：「户孔切。」𠀤音「永」。 謹照原文，「音永」改「音汞」。

揚雄《校獵賦》：「鴻絧揵獵。」 謹照原文，「《校獵賦》」改「《羽獵賦》」。

《淮南子·俶真訓》：「以鴻濛爲景。」註：「鴻濛，東方日所出地。」 謹照原文，「爲景」下增「柱」字，「鴻濛，東方日所出地」改「東方之野，日所出」。

鴘

《爾雅·釋鳥》：「鷗鳩、鶻鳩。」 謹照原文，「鶻鳩」改「鶻鴘」。

七畫

鵃

《玉篇》「盤鵃」 謹照原文，「盤鵃」改「杜鵃」。

八畫

鵧

《爾雅·釋鳥》疏：「鵧鳩，一名鵧鳩。」 謹照原文，「鵧鳩」改「鵧鷑」。

䳄

《爾雅·釋鳥》「䳄鶇」 謹照原文，「䳄鶇」下增「鶇」字。

鵽

郭註：「鵽大如鴿，似雌雉。」 謹照原文，「雌雉」改「雌雉」。

鵾

《楚辭·九辯》：「(䳱)〔鵾〕雞啁哳而悲鳴。」 謹照原文，「啁哳」改「啁哳」。

九畫

鴭

《五音集韻》：「扶雨切，音殳。」 謹按：「扶雨切」不得音「殳」。查《五音集韻》，「扶雨切」以「父」字爲首。今據改「音殳」爲「音父」。

鶝

《爾雅·釋鳥》「鵖鴔」 謹照原文，「鵖鴔」改「鵖鴔」。

鶪

《廣雅》「鷚鶪」 謹照《類篇》所引《博雅》原文，「鷚鶪」改「雗鷚也」。

鶨

《爾雅·釋鳥》：「鶨，鵙老。」郭註：「鴳鶨也。」 謹照原文，「鴳鶨」改「鴳鶨」。

十畫

鷂

《説文》：「鷙鳥也。」《爾雅·釋鳥》「鷂雉」註：「青質五采，即所謂鷂負雀也。」 謹按：《爾雅釋文》：「鷂，雉。」「鷂」音「遥」，在「餘昭切」内，不在「弋照切」内。且鷂雉非鷙鳥，不當在「鷙鳥也」下。今按文義，將「《爾雅·釋鳥》『鷂雉』註『青質五采』」十一字，移在下文「《廣韻》大雉名」之下，並照《爾雅》，「萑」改「雀」。

十一畫

鷑

《爾雅·釋鳥》「鷑鳩、鵧鳩」郭註：「小黑鳥，江東呼爲烏鵙。」　謹照原文，「鵧鳩」改爲「鵧鷑」，註内「烏鵙」改爲「烏鴠」。

鷔

又與「鶩」同。《史記·秦本紀》：「晉君棄其軍，與秦爭利，還而馬鷔。」　謹按：《史記》不作「鷔」，今節去。於上文《禮·曲禮》「前有摯獸」下增：「又抵也。《莊子·馬蹄篇》：『馬知介倪、闉扼、鷔曼。』釋文：『李云鷔，牴也。』」

十二畫

鷢

《説文》：「白鷢，王鵙也。」　謹照原文，「鵙」改「鴡」。

《廣韻》：「鷢一名楊鳥。」　謹按：「楊鳥」二字乃「鸉」字之譌。謹照原文，改爲：「白鷢一名鸉。」

《爾雅·釋鳥》：「楊鳥，白鷢。」　謹照原文，「楊鳥」二字改爲「鸉」字。

鷧

《爾雅・釋鳥》：「鶿懿。」　謹照原文，「懿」改「鷧」。

鷵

《爾雅・釋鳥》：「鶩，鶶鷵。」註：「似烏，蒼白色。」　謹照原文，「似鳥」改「似烏」。

鷸

木華《海賦》：「鷸如鶩鳧之失侶。」　謹照原文，「鶩鳧」改「驚鳧」。

十三畫

鷝

《爾雅・釋鳥》：「鷝，山烏。」郭註：「似烏而小。」　謹照原文，「似烏」改「似烏」。

鸉

《玉篇》：「似雁。本作楊。《爾雅・釋鳥》：『楊鳥，白鷢。』郭註：『似鷹，尾上白。』」謹按：「雁」即「鷹」字之誤。已引郭註，可以不引《玉篇》。攷釋文、《唐石經》及宋本《爾雅》，俱作「鸉」，則「楊鳥」二字即「鸉」字之誤，不得云本作「楊」。今謹改爲：「《爾雅・釋鳥》『鸉，白鷢。』郭註：『似鷹，尾上白。』按：或作『楊鳥』二字，誤。」

《字典·亥集·下》考證》目録

《字典·亥集·下》考證

鹵部

鹵

《說文》：「西方鹹地也，東方謂之庈。」　謹照原文，「庈」字改「㡿」字。

又通「攎」，挼獲也。　謹照原文，「攎」字改「擄」字。

十畫

鹽

鬻鹽湅治之。　謹照《周禮·天官·鹽人》註，原文「鬻」改「鬻」。

十三畫

鹽

「賓客，共其形鹽，王之膳羞，共其飴鹽。」　謹照《周禮》原文，「形鹽」下增「散鹽」二字，「飴鹽」上省「其」字。

鹿部

四畫

麌

張衡《西京賦》：「逞欲畋魰。」 謹照原文，「魰」改「魰」。

麃

《史記·武帝紀》：「郊獲一角獸，若麃然。」註：「楚人謂麋爲麃。」師古曰：「麃形似麞。」 謹按：「郊」下有「雍」字。「師古曰」非《史記》註。謹照原文，「郊」下增「雍」字。「師古」以下七字，改爲引「《爾雅》『麠，大麃』」。

六畫

麉

《廣韻》：「古堅切。」 謹按：「古堅」二字同屬「見母」，不得並用爲切。今照《廣韻》原文，改爲「苦堅切」，將下「《正韻》」二字增入《廣韻》下，省《正韻》下「苦堅切」三字。

麋

《荀子·非相篇》：「伊尹之狀，無鬚麋。」謹照原文，「無」字上增「面」字。

八畫

麑

《穆天子傳》：「狻猊日行五百里。」謹照原文，「日行」改「日走」。

《左傳·宣三年》〔四〕謹照原文，「《二年》」改「《三年》」。

麓

《周禮·地官》：「林衡掌巡麓之禁令。」謹照原文，「麓」字上增「林」字。

麗

《楚辭·招魂》：「被文纖，麗而不奇些。」謹照原文，「纖」字上增「服」字。

《左傳·桓五年》：「高渠彌以中軍奉公，爲魚麗之陣。」謹照原文，「陣」改「陳」。

九畫

麚

馬融《長笛賦》：「寒熊振頷，特麚昏髟。」謹照原文，「昏」改「昬」。

十二畫

麟 《禮・禮運》：「麟以爲畜，故獸不狘。」註：「狘，驚走也。」　謹照原文，兩「狘」字竝改「狘」。

十七畫

麢 似羊而大，角細而圓銳。　謹照《爾雅》原文，改「麢羊似羊而大，角圓銳」。

麥部

三畫

⿰麥才 《說文》：「餅⿱竹⿰麥匊也。」　謹照原文，「餅⿱竹⿰麥匊」改「餅⿱竹⿰麥匊」。

五畫

麮

《荀子·富國篇》：「夏日則與之麥麮。」　謹照原文，「麥麮」改「瓜麮」。

八畫

麴

又，麴塵，華名，黃色。《爾雅·釋草》作「蘜」，亦作「鞠」。《周禮·天官·内司服》：「天子乃薦鞠衣。」註：「色如麴塵，服之以告桑。」　謹按：「麴塵」非華名。「薦鞠衣」之文，出《月令》，不出《周禮》。今謹改爲：「又通鞠。《禮記·月令》：『天子乃薦鞠衣于先帝。』註：『黃桑之服。』釋文：『鞠，去六反，如麴塵。』《周禮·内司服》註作『鞠塵』。」

十八畫

麷

今河閒以此煮種麥賣之，名曰麷。　謹照《周禮·天官·籩人》註原文，「河閒以此」改「河閒以北」。

麻部

四畫

乸

《集韻》：「況僞切，音侐，招也。」　謹按：《集韻》「況僞切」内無「侐」字，不得音「侐」，謹改「侐」爲「䘓」。

十二畫

黀

謹按：《説文》《玉篇》《類篇》「黀」字在《黍部》，黀者黍類，故其字从黍。今謹將「黀」字及註並移於《黍部》十一畫「黐」字之前。

《呂覽·本味篇》：「陽山之穄，南海之秬。」註：「關西謂之糜，冀州謂之黀。秬，黑黍也。」　謹按文義，《呂覽》上增「又與靡通」四字，並照原文，「糜」字改「穈」字，「黀」字改「堅」字，省「秬黑黍也」四字。

十三畫

黂

《儀禮》：「苴者，麻之有蕡者也。」　謹照原文，「苴」下增「經」字。〔五〕

黄部

黄

《前漢・東方朔傳》：「北至河陽。」　謹照原文，「河陽」改「池陽」。

《禮・曲禮》：「君子敬黄髮。」　謹照原文，「敬黄髮」改「式黄髮」。

《淮南子・覽冥訓》：「青龍迎駕。」　謹照原文，「迎駕」改「進駕」。

五畫

黈

《前漢・東方朔傳》：「黈纊充耳，所以塞聰。」註：「以黄緜爲圜。」　謹照原註，「爲圜」改「爲丸」。

黍部〔六〕

黍

《左傳・哀八年》：「晉人築五邑。」　謹照原文，「《八年》」改「《七年》」，「晉人」改「宋人」。

黑部

黑

《賈誼傳》：「淮之北大諸侯。」　謹照原文，「淮」下增「陽」字，「北」字改「比」字。

《史記・龜筴傳》：「天出五色，以知黑白；地出五穀，以知善（善）〔惡〕。」　謹照原文，「以知黑白」改「以辨白黑」；「地出五穀」改「地生五穀」。

五畫

黝

「陰祀，祭地北郊乃社稷也。」　謹照《周禮》註原文，「乃」字改「及」字。

點

太史公《報任安書》：「適足以發笑而自點耳。」　謹照原文，「發笑」改「見笑」。

八畫

黨

《周禮·地官·閭胥》疏：「五家爲比，五比爲閭，五閭爲族。」　謹按：《閭胥》疏無此語。查係《大司徒》文。謹照原文，「閭胥疏」改「《大司徒》」，「五閭爲族」改「四閭爲族」。

《荀子·非相篇》：「實博而黨正。」　謹照原文「文而致實，博而黨正」皆以四字爲句，不得連引「實」字，謹省「實」字。

黹部

五畫

黻

此皆隨衣而名文也。　謹照《釋名》原文，「名文也」改「名之也」。

七畫

黼

《禮·月令·季夏》：「命婦官染采，黼黻文章，必以法。」　謹照原文，「必以法」下增「故」字。

黽部

五畫

鼁　音「故。」　謹按：《廣韻》《集韻》，「鼁」「故」同音，「故」改「㰦」。淮南謂之去蚊。　謹照《爾雅》註原文，「蚊」改「蚥」。

十一畫

鼈　《史記·天官書》：「旬始出于北斗旁。」　謹照原文，「旬始」改「旬始」。

十二畫

鼉　以其尾，鼓其腹。其音鱓。　謹照《呂氏春秋》原文，「鱓」改「英」。

鼎部

鼎

《周禮·天官·膳夫》：「王旦舉。」 謹按：「旦」字乃「日一」二字之譌。謹照原文，改爲「王日一舉」。

二畫

鼏

《説文》：「以木横貫鼎耳而舉之。从鼎，冂聲。《周禮》：『廟門容大鼎七箇。』」 謹照原文，「从鼎，門聲」，「門」改「冂」。「大鼎」之「鼎」改「鼏」。

鼓部

鼓

樂器：鼓所以檢樂，爲群音長。 謹按：《玉篇》無此文，語見《韻會》引《樂書》。謹改「樂器」爲「樂書」。

鼓 《易·繫辭》：「鼓天下之物者，存乎辭。」 謹照原文，「鼓天下之物」改「鼓天下之動」。

五畫

鼛 前師乃鼓鼛而譟者。 謹照《周禮》註原文，改：「《書》曰前師乃鼓鼛譟。」

鼠部

鼠 《釋名》：「大赤曰鼠肝，似鼠肝石也。」 謹照原文，「大赤」改「土赤」，「石也」改「色也」。

四畫

鼤 炆「淫沁切」，「欣」平聲。 謹按：「欣」與「淫」不同母，且去聲非平聲。謹照《集韻》，改「淫去聲」。

五畫

鼢

《廣雅》：「鼨鼢，鼠屬。」《廣韻》：「鼨鼢，斑鼠。」　謹照原文，兩「鼨」字妶改「鼨」字。

七畫

鼯

《爾雅·釋鳥》：「鼯鼠，由夷。」註：「狀如小狐，似蝙蝠，肉翅項脅，毛紫赤色，背上蒼艾色，腹下黄，喙頷雜白，腳短爪長，尾二尺許，飛且乳，亦謂之曰飛生鼠。聲如人呼食火烟，能從高赴下，不能從下上高。一名夷由。」　謹照原文，下「蝙」字改「蝠」，「肉翅」下增「翅尾」二字，「二尺」改「三尺」，「飛生」上省「曰」字，「聲如」上省「鼠」字，「一名」上增「疏」字。

十畫

鼸

《爾雅·釋獸》「鼸鼠」註：「以頰裏藏食。」　謹照原文，「頰裏」改「頰裏」。

鼻部

鼻

揚雄《反騷》：「或鼻祖於汾陽。」 謹照原文，「汾陽」改「汾隅」。

十二畫

齇

《廣韻》：「子禁切。」 謹照原文，「子禁切」改「子心切」。

齊部

齊

《易·繫辭》：「齊大小者，存乎卦。」 謹照原文，「齊大小者」改「齊小大者」。

《爾雅·釋言》：「疾、齊，壯也。」註：「猶速也。」 謹照原註，「猶速也」改「謂速也」。

《禮·祭統》：「齊之爲言齊也。齊不齊，以致其齊也。」 謹照原文，「以致其齊也」改

「以致齊者也」。

七畫

齎

《周禮・天官・外府》：「齎賜與之財用。」 謹按原文，「共其財用之幣齎」爲句，「齎」字不屬下讀。謹改爲「共其財用之幣齎」。

齒部

齒

《爾雅・釋詁》：「齒，壽也。」又，「兒齒，齒落更生，壽徵也。」 謹按：《爾雅》以鯢齒爲壽，不以齒爲壽。今謹改「鯢齒，壽也。註：『齒墮更生細者。』通作『兒』。」

一畫

齓

《史記・周本紀》：「漦水爲黿，入王後宮，後宮之童妾既齓而遭之。」韋昭註：「毀齒曰齓。」 謹照原文，「漦水」改「漦化」，「韋昭註」改「韋昭曰」。

四畫

齡 又《廣雅》：「齡、悼、憐、急，哀也。」 謹按：《廣雅》作「牸」不作「齡」，謹改爲「又作牸。《説文》：『牸，牛舌病。』」

六畫

齥 《爾雅・釋獸》：「羊曰齥。」郭註：「今江東呼齠爲齥。」 謹照原文，「齠」改「齝」。

九畫

䶑 《史記・蔡澤傳》註：「索隱曰：䶑肥，當作䶑肥，肉也。」 謹照原文，「肉也」改「謂食肥肉」。

十畫

齺 《管子・輕重戊篇》註：「騶，䶑也。」 謹照原文，「騶」改「齺」。

龍部

龍

《爾雅·釋畜》：「馬高八尺爲龍。」　謹按：《爾雅》作「駥」不作「龍」。今改：「《周禮·廋人》：『馬八尺以上爲龍。』」

六畫

龕

揚子《方言》：「劉龕南陽。」　謹照原書，「《方言》」改「《法言》」。〔七〕

龜部

龜

《爾雅·釋蟲》：「十龜，一神龜，二靈龜。」　謹照原書，「《釋蟲》」改「《釋魚》」。

《爾雅·釋蟲》：「龜三足，賁。」　謹照原書，「《釋蟲》」改「《釋魚》」。

龠部

龠

《釋名》：「龠謂之笛。」 謹照原書，「《釋名》」改「《博雅》」。

五畫

龢

《晉語》：「范宣子與龢大夫爭田。」 謹照原文，「龢大夫」改「龢大夫」。

九畫

龤

《説文》「吹」本字「龤」，「音律管壎之樂也。」 謹照原文，「壎」改「壎」。

【校注】

〔一〕陸機《皇太子宴玄圃宣猷堂有令賦詩》。

〔二〕見《秦風·晨風》。

〔三〕「其長稱焉」，《莊子·逍遥游》作「未有知其修者」。

〔四〕引文應是「二年」。

〔五〕「經」，當作「絰」，《考證》誤。見《喪服》。

〔六〕依王引之説，《麻部》「麋」字移入《黍部》十一畫「黐」字之前。

〔七〕見《法言・重黎》。